KB067008

행복도 배워야 합니다

행복도 배워야 합니다

이시형 지음

세로토닌에 관련된 서적으로 이번이 네 번째 책이다. 초판 『세로토닌하라!』가 출간된 지 딱 10년 만이다. 출간 1년 만에 37쇄가 발행되었으니 대단히 반응이 뜨거웠다. 전문가들은 물론이고 일반 독자들도 상당한 관심을 보였다는 점이 참으로 놀라웠다. 그만큼 우리 사회가 얼마나 반反 세로토닌적이었던가에 대한 반증이기도 하다. 그런데 지금 바이러스와의 전쟁을 겪고 있는 우리에겐 편안함과 행복에 대한 욕구가 더욱 간절하다. 일상의 우울을 떨쳐주고 삶의 활기를 불어넣어주는 행복 호르몬 '세로토닌'에 대한 공부가 꼭 필요한 이유가 여기에 있다.

홍천에 있는 힐리언스 선마을의 프로그램 바탕에도 세로토닌 정신이 깔려 있다. 선마을은 면역력을 중심으로 하는 예방 캠프이다. 예방에 관한 완벽한 프로그램이 운영되고 있으며, 명상적인 분위기를 주도하기 때문에 세로토닌적인 명제가 주를 이루고 있다. 최근 명상 프로그램이 많아졌는데, 특히 자연을 주제로 한 자연 명상의 인기가 좋다. 산에는 세로토닌이 넘친다. 산행은 명상이요, 명상의 뇌 과학은 세로토닌이 주제다.

요즘 유행인 힐링도 뇌 과학적으로 세로토닌이 활성화된 상태를 말한다. 그리고 우리 한국의 사회정신병리 주제도 세로토닌이다. 여러 가지 복잡하고 시끄러운 사회적 이슈들은 하나같이 세로토닌 결핍 상태가 만들고 있는 현실이기 때문이다. 우리가 세로토닌 문화 운동을 펼치게 된 것도 이런 사연이 바탕에 깔려 있다. NGO 단체로 출범한 세로토닌 문화는 그간 세로토닌 드럼 클럽을 중심으로 운영되고 있으나 최근에 젊은 전문인들의 적극적인 관심으로 연구회가 조직되고 세로토닌 테라피를 본격적으로 공부하자는 계기가 만들어졌다.

그간의 나의 총 세 권의 세로토닌 서적은 이론에 치중된 감이 있어 아쉬웠다. 그래서 이번 책은 테라피를 중심으로 썼다. 사람들이 많이 하는 호소를 듣고 정신과 의사로서 내가 권하는 세로토닌적 처방전과 함께 세로토닌 다이어트도 실었다. '평범한 일상을 바꾸는 마법의 세로토닌 테라피' 라는 부제 아래 쓰인 책이라 전문가뿐 아니라 일반 독자들도 쉽게 이해하고 실천할 수 있도록 했다.

졸저가 나오기까지 언제나 물심양면으로 도움을 주신 세로토닌 회원 여러분에게 감사드린다. 특히 세로토닌 연구회는 빅터 프랭클의 '로고테라피' 연구회를 주간하는 박상미 교수, 그리고 세로토닌 문화 운동을 폭넓게 펼쳐야 한다는 전문의 이재만 선생, 두 분의 독려가 결정적 계기가 되었다. 고맙다. 뒤에서 묵묵히 원고 정리를 함께해준 신동윤 연구원과 출판사 특별한서재의 노고에 특히 감사드린다.

이시형

차례

PART 2 힐링과 행복의 뇌 과학

PART 3 세로토닌의 뇌 과학

세로토닌의 기능

세로토닌의 생성 과정

PART 4 세로토닌 테라피(Serotonin Theraphy)

세로토닌과 운동

세로토닌 결핍 증후군

PART 5 뇌 과학에서 본 인간유형

PART 6 이젠 세로토닌의 세기

하루를 바꾸는
마법의 호르몬

PART 1

행복하고 싶은
사람들을 위한
세로토닌 처방전

　세로토닌의 주요한 역할 중 하나는 조절력이다. 세로토닌은 오
케스트라의 지휘자처럼 뇌 전반의 균형을 조절하고 있다. 뇌가 극
단으로 가지 않게 균형을 잘 잡아야 평상심을 유지하고 뇌가 제대
로 돌아간다. 그러나 어떤 이유에서든 세로토닌의 이런 균형 잡
기, 조절 기능이 잘 작동하지 않으면 뇌 기능 전반에 문제가 생긴
다. 이상적으로 세로토닌 기능이 잘 돌아가면 좋겠지만 뇌는 워낙
그 기능이 복잡 미묘하기 때문에 세로토닌의 균형 기능이 한결같
을 순 없다. 이유가 어디 있든 이런 불균형 상태가 생기면 이를 교
정하는 게 세로토닌 테라피이다.

　다른 정신 기능도 그러하지만 특히 세로토닌의 기능은 복잡하

게 얽혀 있다. 따라서 한 가지 문제가 생겼을 때, 그 한 가지만을 교정하는 것으로는 부족하다. 뇌 전체의 기능을 펼쳐놓고 어디가 어떻게 잘못되었는지를 짚어봐야 한다. 이때 인지적 요법은 물론 이고 행동 요법을 위시해서 뇌 기능 전반에 걸쳐 다원적인 접근을 해야 한다.

흔히 쓰이는 인지 행동 요법, 특히 스트레스에 대처하는 방법 등은 앞으로 자세히 설명하겠지만, 먼저 독자들의 이해를 돕기 위해 세로토닌 불균형으로 사람들이 많이 하는 일반적 호소를 듣고 내가 권하는 세로토닌적 처방전을 살펴보기로 한다.

행복도 배워야 합니다

사는 게 쳇바퀴 도는 것 같고,
왜 살아야 하는지 모르겠어요

도대체 왜 살아야 하는지 모르겠습니다. 이웃에 있는 상담심리 선생님을 찾았습니다. 상담을 마치고 "우울증이니까 정신과 의사를 찾아 항우울증 치료제 처방을 받는 게 좋겠다"는 충고를 받았습니다. 하지만 내 생각에 우울증 같지는 않습니다. 우울증은 죽고 싶은 생각이 든다고 하는데, 내 마음과 정신 상태는 그렇지는 않습니다. 그저 사는 게 재미가 없습니다. 다람쥐 쳇바퀴 돌듯 그날이 그날 같고 매일의 연속입니다. 정서적으로 메말라버려 달달 소리가 나는 듯합니다.

 세로토닌 처방전

> 작은 일에도 감동하세요! 감동은 웃음보다 6배나 강한 힐링 효과가 있습니다

삶에 지쳐 감정마저 메말라버린 것 같습니다. 감동결핍증이랄까요. 뇌 피로에 감동만큼 좋은 묘약은 없습니다. 특히 감동할 때 흘리는 눈물은 최곱니다. 웃음보다 6배나 강한 힐링 효과가 있다

는 게 증명되었습니다. 감동하는 순간 뇌에는 세로토닌이 넘쳐납니다. 감동은 인간만이 갖는 고급 감정이며 전신, 전뇌의 반응이지만 특히 인간 최고의 사령부 전두엽에 가장 강하게 반응합니다. 쉽게 감동하는 사람은 그만큼 대뇌의 유연성과 감수성이 잘 유지되고 있다는 뜻입니다.

감동에는 잔잔한 감동과 벅찬 감동이 있습니다. 감동할 때 어떤 느낌이냐고 물으면 아주 복잡합니다. 왜냐면 감동은 대뇌변연계와 신피질의 상호작용에서 생기기 때문입니다.

정서적 측면, 인지적 측면의 혼합으로 감동이 생겨납니다. 감동은 사전에서 '느껴서 마음이 움직인다'로 풀이되는데, 영어에선 적당한 말이 없습니다. Touched(느낌) & Moved(동, 움직이다)로 표현됩니다.

잔잔한 감동은 일상에서 쉽게 느낄 수 있는 것입니다. 아침 여명, 저녁노을이 얼마나 화려한가요. 감동 없는 삶은 인생이 아니라고 아인슈타인이 말했습니다. 감동은 우리에게 삶의 환희, 사는 맛, 멋, 보람을 안겨줍니다. 벅찬 감동은 사람을 바꾸게 하는 강력한 모티브를 제공합니다. 김연아가 올림픽에서 완벽한 연기를 마치고 우는 모습을 보며 우리 모두 울었습니다. 박세리의 골프에 감동받아 소위 세리키드가 많이 생겨났습니다. 연아키드도 요즘 빙상계를 놀라게 하고 있습니다. 감동은 진, 선, 미를 만날 때, 미지와의 만남에서 옵니다. 감동의 순간에는 온 뇌가 긍정정서로 젖

행복도 배워야 합니다

게 됩니다.

　잔잔한 감동에는 세로토닌이 주로 분비되지만, 벅찬 감동에는 긍정감정이 더 격해져서 세로토닌뿐만 아니라 도파민, 엔도르핀 등도 분비됩니다.

PART 1. 행복하고 싶은 사람들을 위한 세로토닌 처방전

생각만 많아서
자꾸 마음이 초조해져요

저는 생각 과잉중입니다. 100가지 생각만 할 뿐 행동이 따르지 않습니다. 멈칫거리기만 할 뿐 시작을 못 합니다. 안될 것 같은 예감이 너무 강해서입니다. 이대로 가다간 결국 이 배가 가라앉고 말 것 같은데도 그냥 멍청하게 앉아 있을 뿐 대책이 서질 않습니다. 어느 때는 꽉 막혀버린 것 같습니다. 바보가 된 것 같기도 하고 생각할수록 참으로 한심한 인간이 된 것 같습니다. 되든 안되든 시작은 해야 할 텐데, 도대체 첫걸음이 떨어지질 않습니다. 요즘은 귓전에 세월 가는 소리가 들리는 듯합니다. 마음이 초조해질 수밖에 없습니다.

세로토닌 처방전

일단 시작하세요

생각이 너무 많아도 결론이 나지 않습니다. 일단 노트를 펼쳐보세요. 그리고 떠오르는 생각을 적어보세요. 사람들은 일을 시작하기 전에 많은 생각을 합니다. 실수할까 두려워서입니다. 일어날

행복도 배워야 합니다

수 있는 최악의 상황을 생각하노라면 감히 시작할 엄두가 나지 않습니다. 물론 신중히 생각하고 뛰어야 합니다. 하지만 신중함이 지나치면 아무 일도 못 합니다. 일단 시작하는 겁니다. 인간에겐 관성의 법칙이 있어서 일단 시작하면 계속하게 되는 본성이 있습니다. 생각만 하고 앉았을 때는 귀찮고 싫고 안될 것 같지만, 일단 시작하면 계속하게 되고, 일을 하노라면 생각지도 못한 아이디어가 중간에 떠올라 잘 풀려 나갑니다.

전두엽은 걱정도 많이 하지만, 그보다는 일이 잘되게 하는 프로그램이 더 잘 발달되어 있습니다. 이게 인간의 본성입니다. 신경 네트워크가 활발해지며 정보의 교환, 전달도 원활해집니다. 뇌 과학적으로 세로토닌의 힘입니다. 세로토닌이 부족하면 아무 일도 못 합니다. 생각이 온통 부정적인데 무슨 일을 시작할 수 있을까요. 그럴 의욕도 기력도 없습니다. 울증에라도 안 빠지면 다행입니다. 인간의 뇌는 생각만으로는 눈에 보이는 결과물이 없습니다.

우선 생각을 글로 써보세요. 쓴다는 행동이 따르면 뇌가 '응?' 하고 해볼 의욕이 생겨납니다. 일단 행동이 시작되면 뇌에는 새로운 회로가 생깁니다. 그러면 신경가지는 다른 신경가지와 연동이 되어 새로운 길, 회로가 생겨납니다. 이때 우리 잠재의식 속에는 아이디어들이 떠올라 여러 가지 형태의 조합이 형성됩니다. 그러는 도중에 기막힌 아이디어가 떠오릅니다. 뇌는 행동이 있어야 연동 連動 작용이 일어나 좋은 아이디어가 고구마 줄기처럼 따라 일어나

게 됩니다. 그래도 뇌가 활성화되지 않으면 일단 털고 일어나세
요. 그리고 밖을 산책하세요. 몸을 움직이면 뇌에도 새로운 회로
가 생깁니다.

평범하게 흘러가는 내 인생,
이게 다일까요?

　이대로 내 인생이 끝날 순 없는데, 이런 회의가 자주 들곤 합니다. 내 인생의 의미는 무엇일까. 이걸 위해 내가 태어난 건가. 세 아이들 키우고 가정을 꾸려나가고 직장도 탄탄해서 큰 걱정 안 해도 되고, 이만하면 된 것 아닌가. 무슨 욕심을 또 내? 그렇습니다. 평범한 가장으로서 손색이 없습니다. 그만하면 무난한 인생 잘 살았다고 자부할 수 있습니다. 그런데도 문득문득 '이게 내 인생의 전부인가' 하는 생각이 떠오릅니다. 어디엔가 빈구석이 있는 것 같습니다. 돌파구가 있어야 할 것 같습니다.

세로토닌 처방전

지적 자극, 지적 쾌감을 추구하세요

　참으로 값진 고민이요, 실존적 갈등입니다. 세속적인 충족으로는 메워지지 않는 인간의 근원적인 공허감입니다. 누구에게나 얼마간의 갈등은 필요합니다. 그런 생각이 든다는 것 자체만으로 축복입니다. 한 차원 높은 인생을 위한 자극제가 될 수 있습니다. 지금 당신에게 필요한 건 지적 자극입니다. 교양 프로그램을 보거나 책을 읽는 등의 행위는 전두엽엔 지적 자극, 변연계에는 정서적 감흥을 주게 됩니다. 이보다 좋은 두뇌 활성제는 없습니다. 그러다 새로운 지식을 얻게 되는 순간 '아하! 그게 그렇게 되는군' 하며 무릎을 칩니다. 뇌에 번쩍 불이 켜집니다. 그때 온 뇌, 특히 전두엽이 지적 쾌감으로 흥분합니다. 뇌 과학에선 이를 '아하 체험'이라 부릅니다. 이게 젊음과 건강을 유지하는 비결입니다. 전두엽은 언제나 지적 자극과 지적 쾌감에의 갈망이 간절합니다. 이를 겪는 순간의 온 뇌는 흥분 일색입니다. 전두엽만이 아닙니다. 변연계에도 강력한 정서적 공감대가 형성됩니다. 지적 자극, 지적 쾌감은 정서적 통쾌함을 동반합니다. 이때 세로토닌뿐만 아니라 강력한 쾌감의 도파민도 함께 분비됩니다.

지적 쾌감이 일어나기까지는 얼마간의 시간과 노력이 필요합니다. 독서든 영화든 내가 관심이 있는 것이면 차츰 빠져들게 됩니다. 완전한 주의집중—몰입 상태가 됩니다. 그리고 어느 순간 '아하!' 하고 무릎을 칠 때가 옵니다. 지적 통찰과 함께 통쾌한 정서적 공감이 일어납니다. 재미를 들이면 계속하게 됩니다. 뇌 세포 및 뇌 회로에 이런 신선한 자극과 통쾌한 보상이 따를 때는 흥분 일색이며, 호기심과 의욕이 넘칩니다. 이런 뇌가 침체에 빠지거나 노쇠현상이 올 순 없습니다. 이것이 지적 자극, 지적 쾌감이 주는 보상입니다.

암 진단을 받았습니다.
건강만은 지키고 싶어요

지하상가에서 화장품 가게를 운영하고 있습니다. 그것만으로도 벅찬 일이지만 사이버대학에도 다니고 있습니다. 언젠가는 내 손으로 화장품을 제조하기 위한 준비 작업입니다. 장사도 잘 되고 학점도 잘 나오고 모든 게 순조로운데 제 건강이 문제입니다. 갑상선 암 진단을 받았습니다. 눈앞이 캄캄했습니다. 당장 수술은 안 해도 되니 얼마간 경과를 보자고 했습니다. 정신적 충격 탓인지 공부도 안 되고, 몸 컨디션도 전혀 옛날 같지 않습니다. 쉽게 피로하고 소화가 잘되지 않는데도 살이 찝니다.

세로토닌 처방전

공기 좋은 곳으로 가세요

힘든 환경입니다. 그러나 꿈을 버리진 마세요. 틈나는 대로 시골 공기 좋은 곳을 자주 찾도록 하세요. 도심의 생활환경은 최악입니다. 공기 오염, 소음, 교통 지옥, 냄새, 거기에다가 황사, 미세먼지 공습까지 숨이 막힐 지경입니다. 이런 환경의 산소 부족이 뇌에 좋을 리 없습니다. 대인 관계, 일에서 오는 스트레스만으로도 이미 한 짐입니다. 여기에 오염된 도시 환경은 우리 뇌를 피로하게 만드는 주범입니다. 딱하게도 뇌 피로는 육체적 피로와는 달리 자각 증상이 분명치 않습니다. 하지만 숲속에 들어가 하루 이틀 쉬어보면 압니다. 당장 눈이 청명해지고 정신, 영혼까지 맑아집니다. 그제야 내 뇌가 이렇게 피곤해 있었구나 하고 느낍니다. 내가 공기 맑은 숲을 권하는 건 그래서입니다. 틈나는 대로 가야합니다. 잊지 마세요. 숲은 세로토닌의 보고입니다.

자연에는 위대한 자연치유력이 있습니다. 그냥 산으로 가는 겁니다. 아무 일 안 해도 됩니다. 숲속에 가만히 있는 것만으로도 훌륭한 치료가 됩니다. 산에서 얼마간 지내는 것만으로 항암세포인 NK세포가 증가한다는 연구 보고도 있습니다.

고시 준비생인데,
머리가 잘 돌아가지 않아요

고시 준비생입니다. 고시는 알다시피 지루한 마라톤 경주입니다. 시험에 대한 압박감은 고시 준비생이라면 누구나 갖고 있는 것이니 저라고 특히 더한 건 아닙니다. 특별히 스트레스 받을 일도 없고 평소보다 공부를 더 많이 하는 것도 아닌데 최근 영 진도가 나가지 않습니다. 잠도 잘 자고 충분한 휴식도 취하면서 건강 관리를 잘하고 있는데 능률이 오르지 않습니다. 밥도 잘 먹고 영양 섭취도 충분하리라 생각되는데 영 컨디션이 좋지 않습니다. 나도 모르는 큰 문제가 있는 건지 참 답답합니다.

세로토닌 처방전

건강 관리는 잘하고 있는 것 같습니다. 한 가지 걱정은 고시 준비생의 영양 상태입니다. 머리를 많이 쓰니 뇌 피로 상태일 텐데, 영양 섭취가 골고루 잘 되고 있는지 살펴보시기 바랍니다. 우리 몸은 물론이고 뇌도 편식을 하면 쉽게 피로해집니다. 예민한 전두

엽이 특히 민감하게 반응합니다. 이런 상태가 오래 지속되면 소위 '전두엽 증후군'에 빠질 수 있습니다. 평소 골고루 먹는 식습관이 특히 중요한 건, 뇌는 미량이라도 미네랄을 꼭 필요로 하기 때문입니다. 보통 식사로는 부족한 경우도 있어서 특히 뇌를 많이 쓰는 사람은 따로 비타민, 미네랄을 보충해줄 필요가 있습니다. 뇌 피로 편에서 자세히 소개하겠지만 시중에 좋은 뇌 피로 회복제가 나와 있습니다.

끝으로 한 가지. 우리 뇌는 오르막 내리막이 있습니다. 뇌 기능이 언제나 한결같지 않습니다. 욕심껏 많은 공부를 하고 나면 머리가 꽉 찬 기분이 됩니다. 그땐 더 이상 들어갈 수가 없으니 당사자로선 능률이 오르지 않는다고 생각합니다. 뇌에게 얼마간의 소화 흡수할 시간을 주세요.

행복도 배워야 합니다

머릿속이 꽉 막힌 것처럼
새로운 아이디어가 떠오르지 않아요

벤처 사업을 막 시작한 초년병입니다. 벤처 사업은 알다시피 새로운 것을 연구하고 개발하는 창조성이 생명입니다. 초창기엔 이런저런 아이디어들을 많이 생각해온 터라 의욕적인 연구 활동이 잘 되어갔습니다. 그러나 차츰 자리가 잡히고 안정이 될수록 처음 시작할 때와 같은 참신한 아이디어는 떠오르지 않고, 멍청하니 책상에만 붙어 앉아 있을 때가 많아졌습니다. 아이디어가 떠올라도 그것을 실천해낼 수 있는 방법이 떠오르지 않습니다. 이대로 가다간 문을 닫게 될까 봐 두렵습니다.

 세로토닌 처방전

> ### 소크라테스 워킹을 하세요

머리가 꽉 차 안 돌아간다 싶을 때는 일어나 밖으로 나오세요. 그리고 주변을 어슬렁거려보십시오. 워킹이 우리 건강에, 특히 노화 예방에 얼마나 중요한지는 새삼 논할 필요도 없을 것 같습니다. 소크라테스 워킹은 사색을 하면서 어슬렁거리는 걸음입니다.

우리는 책상에 앉아 문제가 잘 풀리지 않을 때 나도 모르게 일어나 방 안이나 뜰을 거닐게 됩니다. 세로토닌 분비를 위한 본능적인 반응입니다. 그렇게 함으로써 똑같은 뇌 회로를 맴돌던 생각이 새로운 자극으로 새로운 회로를 만들게 되고, 여기에서 문제 해결의 힌트를 얻을 수 있습니다. 사색할 주제는 있어도 좋고 없어도 좋습니다. 그냥 걷기만 해도 권태로운 뇌에 활력을 줄 수 있습니다.

행복도 배워야 합니다

만나는 사람도,
대화 주제도 너무 뻔해요

가는 곳도 뻔하고 만나는 친구도 뻔합니다. 화제도 언제나 거기서 거기입니다. 만만하고 마음 편해서 좋습니다. 특별히 신경 써야 할 것도 없고 누구 흉을 본다고 말이 새어 나갈 걱정도 없습니다. 참 좋은 친구들입니다. 이럴 수 있는 것만으로도 축복인데 무슨 변덕인지 어쩌다 지겨운 생각이 들 때가 있습니다. 마음 편해 좋긴 한데 그래도 새로운 자극이 펼쳐졌으면 하는 아쉬움이 남습니다. 삶이 어찌 한결같겠나요. 때로는 스릴도 있고 가벼운 자극, 변화도 있어야 하지요. 그런 생각이 들긴 하지만 선뜻 나서서 새로운 일을 벌이기엔 용기가 없습니다.

세로토닌 처방전

> 새로운 사람을 만나려고 노력하고 여행을 떠나세요

축하합니다. 마음이 동했으면 행동이 따라야지요. 나이가 들수록 행동반경이 좁아지고 새로운 걸 하기가 벅찹니다. 익숙한 일만 하므로 뇌 신경회로가 똑같은 일의 반복이 됩니다. 이래선 발전도 스릴도 없습니다. 항상 새로운 일에 도전해야 전두엽이 긴장하고 활성화됩니다. 새로운 사람을 만나고 새로운 일을 계획하고 여행하고…… 그래야 전두엽뿐 아니라 전 뇌에 신선한 자극을 줄 수 있습니다. 다소의 위험이 따를 수도 있을 것입니다. 하지만 그런 스릴이 전두엽에 신선한 바람을 불어넣고 활력 넘치게 할 수 있습니다.

여행은 세로토닌의 연속입니다. 여행을 계획할 때부터 가슴이 뜁니다. 여행을 떠나는 아침의 설렘, 떨림 — 이보다 더한 즐거움이 세상 또 어디 있을까요. 새로운 사람, 새로운 풍물, 풍광, 모든 게 신기합니다. 우리의 일상은 까맣게 잊고 완전히 딴 사람이 됩니다.

홍사종 교수의 유머는 폐부를 찌릅니다. "여행은 가슴이 떨릴 때 가야지, 다리가 떨릴 때 가면 앉을 자리 의자만 눈에 들어온다." 난 요즘 이 말이 문득문득 떠오를 때가 있습니다.

나이 한 살 더 들기 전에 용기를 내세요. 외국 갈 상황이 아니면 낯선 지하철, 낯선 정거장에 내려보세요. '내가 사는 도시에도 이런 곳이 있었구나.' 깜짝 놀라게 됩니다. 이 골목, 저 골목 기웃거려보세요. 뇌에 새로운 자극이 주어지고 뇌 회로가 바쁘게 움직입니다. 마치 먼 이국에 온 것 같은 흥분에 가슴이 설렙니다.

> 어딘가 빈구석이 느껴져요.
> 무엇을 해야 할지 모르겠어요

  텅 빈 집 창가에 앉아 커피를 마시고 있는 주부입니다. 환갑을 넘긴 나이에도 남편은 사회생활에 정신없이 바쁘고 아이들도 다 자라 집을 떠났습니다. 책에서 읽은 '빈집 지킴이 증후군'에 빠진 것 같습니다. 구청의 문화교실에도 나가봤습니다만, 내게 맞는 클래스가 없습니다. 여기저기 기웃거려 봐도 내가 설 자리는 없는 것 같습니다. 이젠 무료함을 넘어 지겨운 생각이 듭니다. 이러다 우울증에 빠지는 건 아닌지 겁이 날 지경입니다. 이대로는 안 됩니다. 변화가 있어야 합니다. 화끈한 자극이 필요합니다. 마음은 급한데 커피도 다 식었습니다.

세로토닌 처방전

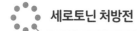
창조적 일에 도전하세요

  당신이 보낸 짧은 글 속에 당신의 아름다운 창조성이 담겨 있습니다. 이보다 훌륭한 창작품이 달리 없습니다. 머리를 써야 하는 일, 생각하고 사색하고 때론 그러느라 잠을 설치기도 하는 일이 있어야 합니다. 그게 전두엽만인가요, 변연계 정서적 공명까지 폭넓은 영역에 지적 자극을 주는 효과적인 방법입니다. 시, 수필, 수상집, 작곡, 문인화, 자서전…… 창조적인 일을 하는 것만큼 두뇌 관리에 효과적인 일은 없습니다. 한 번도 안 해본 일이니 지레 겁먹을 건 없습니다. 천부적 자질을 타고난 시인이나 작가가 아니라도 나이가 들어 내공이 쌓이면 쉽게 할 수 있는 일들입니다. 쓴맛, 단맛, 온갖 시련을 겪은 사람이라면 할 수 있는 일들입니다. 당신도 할 수 있습니다. 문제는 시작을 하느냐, 하지 않느냐의 차이뿐입니다.

나는 팔십 평생 그림이라고 그려본 적이 없는 사람인데, 처음으로 문인화 공부를 시작해 6개월 만에 문인화첩 개인전을 열었습니다. 1년 내에 4차례나 열어 좋은 문우들도 사귀었습니다. 우리는 지난달 대금 연주를 위한 클래스를 열기도 했습니다. 아직 소리도 잘 나진 않지만 멋있는 한옥에서 멋쟁이들과 함께하는 시간이 너무 즐겁습니다. '나는 그런 데는 소질이 없어' 하며 아주 단념하고 생각조차 않는 사람도 있습니다. 하지만 뇌 과학적인 해석에 의하면 그것은 전혀 맞는 이야기가 아닙니다. 우리는 누구나 일상에 창조적인 일을 하고 있습니다. 다만 그게 창조적 작업이라는 생각을 못 하고 있을 뿐입니다. 가령 주부가 저녁 준비를 하는 것도 훌륭한 창조적 일입니다. 무엇을 해먹을까, 식재료는 어떤 것을 살까, 시장에 가는 길엔 온갖 창조적 아이디어가 넘칩니다. 저녁 요리를 시작하면서도 삶을까, 볶을까, 구울까, 양념은 어떻게…… 온갖 창조적 아이디어가 머리를 오갑니다. 사실 조리만큼 창조적인 작업도 그리 많지 않습니다. 바쁜 아침, 모두들 떠나고 홀로 남은 주부도 커피 한잔을 들고 펜을 들어보세요. 잘 쓰겠다는 생각은 하지 말고 오늘 아침에 있었던 일을 적어보세요. 인간에겐 발전에의 본성이 있습니다. 어떻게 할까, 늘 생각하는 창조성이 곧 발전성입니다. "난 못해." 이 말만은 말아야 합니다.

바른 경영을 못 해서
교도소 복역 중입니다

내 동료 박상미 교수한테서 들은 이야기입니다. 그는 교도소로 출장 상담을 나갑니다. 그날 만난 내담자는 제법 규모가 큰 기업의 사장이었습니다. 회사도 잘 되고 모든 게 순조롭게 돌아갔습니다. 그러던 어느 날, 검찰에서 소환장이 날아왔습니다. 공금 횡령이라는 어마어마한 죄목이었습니다. 내용을 들여다보니 변명할 여지가 없었습니다. 회사 재무를 맡고 있는 직원이 고발했기 때문입니다. 중형을 선고 받고 복역중이지만 그 직원에 대한 원망과 배신감이 그를 못살게 굴었습니다. 고객이나 직원들에겐 인색하면서 회사 공금을 빼돌려 자기 배를 채운 그 죄를 아직 뉘우치지 못하고 있는 것입니다.

 세로토닌 처방전

> 이타적 봉사 활동을 하세요

그대로 이를 갈다간 이가 빠지고 화병으로 심장이 견뎌나지 못합니다. 박 교수는 한 차원 넘어 봉사 활동을 처방했습니다. 세로토닌을 본능 호르몬이라고 부릅니다. 따라서 인간 최고의 사령부에선 이타적 행동을 자극함으로써 훌륭한 봉사 활동이 될 수 있도록 합니다. 인간은 남을 위해 뭔가를 베풂으로써 그가 기뻐하는 것을 볼 때 함께 기쁘고 행복해합니다. 이게 인간의 타고난 본성이며, 거울 신경Mirror Neuron의 반응입니다.

얼마 전, 술에 취해 지하철 철로에 떨어진 사람이 있었습니다. 이제 곧 기차가 들어올 텐데 위기일발이었습니다. 그때 옆에 서 있던 사람이 위험을 무릅쓰고 철로에 뛰어들어 그를 구출했습니다. 기차가 급히 속도를 줄이긴 했지만, 그가 떨어진 곳을 훨씬 지나서야 정차했습니다. 용감한 시민이 아니었다면 참으로 끔찍한 변을 당했을 뻔한 위기의 순간이었습니다. 취객은 역 사무원이 데려갔고 구출에 나섰던 그 신사는 마치 아무 일 없었다는 듯 다음 기차에 올랐습니다.

철로에 뛰어든 걸 본 그 순간, 그의 머릿속엔 구출 본능이 즉각 발동했을 것입니다. 어떤 위험도 생각할 수 없었고 오직 취객을 구출해야 한다는 이타적인 본성이 그를 철도로 뛰어들게 한 것입니다. 이것저것 생각할 여유도 없었습니다. 이타적 본능이 그를 밀어낸 것입니다. 한 생명을 구해낸 대단한 일을 한 것입니다. 그에겐 평생 잊지 못할 대사건이 될 것입니다. 참 좋은 일을 했다는 자부심이 평생 그의 영혼을 맑게 해줄 것입니다. 이보다 더한 기쁨이 없습니다. 인간 최고의 전두엽에 더없이 큰 선물이요, 축복입니다.

자본주의가 건전하게 발달하고 유지되려면 다음의 세 가지 조건이 잘 맞아 돌아가야 합니다. ① 정당하게 많이 벌어 ② 많이 모아 ③ 많이 베푼다. 초기 미국의 청교도 정신은 이 점에서 아주 철저했습니다. 불행히 최근엔 순수한 청교도 정신이 많이 퇴색되었지만, 그래도 그 정신은 바탕에 살아 있습니다. 소득세, 증여세를 올리자는 것도 미국의 재벌들입니다. 그리고 국난이 닥칠 때 재벌들이 거액을 기부하여 세간을 놀라게 합니다.

딱하게도 우리 한국 사회는 이게 잘 돌아가지 않는 것 같습니다. 우선 벌되 정당한 경쟁을 하지 않는 경우가 많고, 많이 모으긴 하는데 베푸는 데 인색합니다. 아직 부의 역사가 짧아서 그렇겠지만 우리가 세로토닌 운동을 벌이고 있는 취지도 이에서 비롯됩니다. 베풂으로써 얼마나 큰 정신적 보상이 돌아오는지, 온 뇌에 세로토닌이 넘쳐나게 되는지 좀 더 큰 눈으로 세상을 볼 수 있는 눈이 아직은 부족해 아쉽습니다.

세상만사를 부정적이고
비판적으로 봐요

저는 태어나길 비관적으로 타고났습니다. 엄마는 저를 낳으면서 돌아가셨고 나는 새엄마 밑에서 눈치를 보면서 살아야 했습니다. 그래서겠지요, 세상만사 부정적인 쪽으로만 보입니다. 새엄마도 참 잘해주셨습니다. 바로 위 누나도 엄마 못지않게 저를 잘 보살펴주었습니다. 그런데도 감수성이 예민한 사춘기 시절, 내가 읽던 책은 모두가 염세적인 주제였습니다. 의과 대학에 진학하라는 가족들의 권유를 뿌리치고 문과를 지원했습니다. 나의 염세적인 인생관은 점점 심해져 드디어 자살을 기도하게 되었습니다. 그것도 뜻대로 되지 않았습니다. 상담치료 시간에 엄마를 죽였다는 죄의식에서 먼저 해방되어야 한다고 들었습니다.

세로토닌 처방전

긍정심리를 익히세요

뿌리 깊은 죄의식에서 벗어나는 게 먼저요, 궁극적으로는 긍정사고로 귀결되어야 합니다. 사람들은 쉽게들 말합니다. 긍정적으

PART 1. 행복하고 싶은 사람들을 위한 세로토닌 처방전

로 생각하라, 긍정적으로 행동하라, 생활하라. 그렇게만 될 수 있다면 그렇게 하겠지만, 이건 말처럼 쉽게 되진 않습니다. 당장 꼴보기 싫은 녀석이 앞에 앉아 딴지를 걸고 있는데 뭘 어떻게 해서 긍정적인 생각을 하란 말인가요. 그렇습니다. 웬만큼 인격적으로 성숙한 사람이 아니고는 쉽게 될 수 있는 일이 아닙니다. 그러나 최근 심리학계에선 긍정심리학이 대유행입니다. 세계 곳곳에 학회가 만들어지고 긍정심리를 바탕으로 상담기법도 체계적으로 잘되어 있어서 고객들에겐 큰 축복입니다. 한국에도 김인자 교수를 필두로 긍정심리학에 대한 연구 활동이 아주 활발합니다. 물론 그 타겟Target은 전두엽입니다. 무엇보다도 먼저 인간 최고의 사령탑에서 긍정적인 생각을 할 수 있어야 하기 때문입니다.

나는 여기에 세로토닌 활성 기법이 가미되었으면 하는 생각입니다. 세로토닌은 그 자체로 긍정성을 내포하고 있으며, 전두엽에 부정적인 요소가 있다 하더라도 이를 살짝 억제함으로써 긍정적인 쪽으로 만듭니다. 이렇게 된다면 세로토닌의 신피질의 부정적 억제는 더욱 효과적으로 되어 상승작용을 일으킬 것으로 기대됩니다. 자세한 기법은 전문가의 도움이 필요하겠지만 세로토닌 활성 기법을 병용하면 긍정심리로의 전환 효과가 훨씬 클 것으로 생각됩니다.

어떤 난관, 어떤 역경에도 긍정적인 생각을 한다면 헤쳐 나갈 방법이 떠오릅니다. 오히려 역경일수록 역으로 칠 수 있는 기발한

행복도 배워야 합니다

과단성을 발휘할 수 있습니다. 나는 지난 코로나19 사태에 재택근무를 하면서 외부와 일체 단절된 생활을 했습니다. 참으로 답답하고 걱정스러웠습니다. 그러나 그 시간은 내게 또 다른 축복을 안겨주었습니다. 책을 무려 세 권이나 쓴 것입니다. 지금 쓰는 이 책도 코로나19가 만들어준 선물입니다. 누가 찾는 사람도 없고 또 외부의 유혹도, 강연 스케줄도 없습니다. 이보다 한가롭고 여유로운 시간이 마련된다는 게 나로선 참으로 소중한 시간이요, 선물입니다. 역경을 역으로, 이게 긍정성의 선물입니다. 역경에 처했다고 온통 부정적인 생각에 휩싸인다면 될 일이 없을 뿐 아니라 상황이 더 깊은 역경으로 우리를 몰아넣습니다.

> ## 사랑에도 다 때가 있다는데,
> ## 마흔을 넘긴 저는 너무 늦은 건가요?

선생님 칼럼을 읽었습니다. 믿기지 않는 내용이라 몇 번을 읽었습니다. 선생님이 쓰신 이 칼럼 기억나시나요?

"내 청춘에 후회가 많다."

듣고 있던 친구가 묻습니다.

"왜? 무슨 일 있었어?"

"아니. 아무 일도 없었어."

연애도 하고 울고불고 헤어지고 만나고…… 그런 일이 없었다는 게 후회가 된다는 내용이었습니다. 그게 사실이라면 나도 그렇게 기죽을 일이 아니겠다, 싶습니다. 선생님. 저 역시 연애다운 연애 한번 해보지 못한 쑥맥입니다. 실연 후 자살까지 생각하는 친구가 부럽기도 합니다. 어물쩍하다보니 마흔 살을 넘겼습니다.

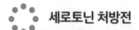

세로토닌 처방전

사랑은 죽을 때까지 하는 겁니다

그래도 사랑을 해야 합니다. 이보다 좋은 세로토닌 테라피는 없

행복도 배워야 합니다

습니다. 사랑하면 온 세상이 핑크빛입니다. 나 자신뿐 아니라 주변 사람들은 물론이고 온 세상 사람들을 즐겁게 해줄 수 있습니다.

피카소는 계속 변신했습니다. 새로운 기법을 발표할 적마다 연인이 바뀌었습니다. 자신뿐 아니라, 온 세계 사람을 감동의 도가니로 몰아넣었습니다. 사랑하면 온몸이 설레고 뜨겁게 달아오릅니다. 온 뇌가 심포닉 모드에 빠집니다. 말썽꾸러기 편도체도 기쁨 일색이고, 사랑의 호르몬 옥시토신이 분비됩니다. 안 되는 일이 없으며 사회생활에 강력한 윤활제 역할을 합니다.

데이트 나가는 저 사람의 표정을 보세요. 싱글벙글입니다. 아무리 감추려고 해도 안 됩니다. 온몸에 세로토닌, 옥시토신이라는 행복과 사랑의 호르몬이 넘치는데 어찌 조용하고 차분할 수 있나요. 사랑에 빠지면 이뿐만이 아닙니다. 성 호르몬을 비롯, 긍정 호르몬이 함께 분비됩니다. 온몸에 생기가 넘쳐흐릅니다. 설렘과 두근거림으로 하늘을 날 것 같습니다. 사랑만큼 강렬한 열정은 없습니다. 사랑 앞에 모든 건 무력합니다. 어떤 장벽도 뛰어넘습니다. 기막힌 아이디어가 떠오르고 창조적으로 변합니다. 세계 명작도 따지고 보면 사랑의 선물입니다. 불륜도 미화되는 게 사랑의 묘약입니다. 대표적인 불륜 작품 〈닥터 지바고〉는 노벨상까지 받지 않았던가요. 사랑을 모르는 자는 인생을 이야기하지 말아야 합니다. 단, 사랑을 하려면 그 시작엔 '작은 용기'가 필요합니다. 그리고 이대로 죽어도 좋다는 열정이 삶의 궁극적인 목적이 됩니다.

야간 근무를 하는 직장이라
늘 잠이 모자라요

저는 바쁜 운송업체 창고에서 야간 당직을 하고 있습니다. 특별한 기술도 없고 공부를 많이 한 것도 아니어서 참 어렵게 구한 직장입니다. 문제는 제 건강입니다. 밤늦게 전국에서 트럭이 몰려들기 때문에 잠시 눈 붙일 여유가 없습니다. 어쩌다 한가한 시간에 잠깐 토막잠을 자기도 하는데 제 판단엔 수면시간이 절대적으로 부족한 것 같습니다. 퇴근 후 집에서도 낮잠을 푹 잘 수 있는 분위기가 아닙니다. 무엇보다 소화가 안 되고 체중이 줄어듭니다. 직장을 그만두자니 당장 생활이 막막합니다.

 세로토닌 처방전

> 토막잠에도 숙면을 하세요. 숙면은 아주 중요합니다

어렵게 구한 직장을 그만두긴 아깝습니다. 짬짬이 틈을 봐서 토막잠을 청하는 등 지혜를 다해야겠습니다. 우리 생활은 너무나 불규칙해서 생활 리듬이 쉽게 난조에 빠집니다. 우리나라의 노동 시간은 세계에서 제일 길고 수면 시간은 제일 짧습니다. 반면 노동

행복도 배워야 합니다

능률은 바닥권입니다. 그만큼 열심히 일하는데도 능률이 오르지 못합니다. 뇌 피로 상태에 있기 때문입니다. 뇌가 피로하면 머리에 열이 나고, 뇌 회로가 제대로 작동하지 않습니다. 정보전달 물질이 고갈되었으니 정보전달이 제대로 될 리가 없는 것입니다.

늦어도 밤 11시 전에는 취침해야 합니다. 한국의 성인은 자정에도 잠자리에 들지 않는 사람이 68%라는 보고가 있습니다(서울 수면센터). 이것 하나만 봐도 뇌 피로가 풀리긴커녕 쌓여갑니다. 절대 수면 부족 상태입니다. 머리 회전이 제대로 될 리가 없고 작업 능률도 오를 수 없습니다. 특히 밤 10시~새벽 2시 사이는 성장 호르몬이 분비되는 시간이므로, 이때 자야지 피로 해소, 기억력 정착, 지방 분해 효소 활동, 피부 대사 활성 등 참으로 중요한 기능이 제대로 돌아갑니다. 학자들은 이 시간에 자는 첫잠 90분의 중요성을 강조하고 있습니다.

아침 출근 시간의 전철 풍경은 참으로 가관입니다. 휴대폰 아니면 잠에 취해 있습니다. 전장으로 출동하는 병사의 모습이 저래서야 이길 수 없습니다. 짬을 내 20분 낮잠이라도 잘 수 있는 직장 환경이면 그나마 축복입니다. 낮잠을 자면 하루가 두 번 시작되는 것이고, 오후 작업 능률이 올라갑니다. 세계 유명 기업에서는 직원들에게 낮잠 시간을 주고 있습니다. 직원들의 복지 건강이나 작업 능률에도 긍정적 효과가 있다는 걸 알기 때문입니다. 불면증에 낮잠 요법이 좋다는 것을 아는 사람은 많지 않습니다. 낮잠을 취하면 밤에 잠이 잘 오지 않아도 '낮에 좀 잤으니 괜찮아, 내일 낮잠으로 때우지' 하고 안심이 됩니다. 불면증은 '잠이 안 오면 어떻게 하지' 하는 예기 불안이 원인입니다. 숙면이 가져다주는 이점을 간략히 설명했지만 숙면만큼 세로토닌 활성에 좋은 것은 없습니다. 특히 수면 호르몬 멜라토닌은 세로토닌을 원료로 만들어진다는 사실을 잊지 맙시다.

멜라토닌은 수면만이 아니라 항노화, 항산화 작용 등 우리 건강 전반에 절대적인 영향을 줍니다. 밤샘하고 나온 사람의 푸석푸석한 얼굴만 봐도 숙면의 중요성을 실감할 수 있습니다.

행복도 배워야 합니다

특별한 고민이나 걱정거리가 없는데도
만성 두통과 불면증을 달고 살아요

저는 보험설계사 일을 하면서 딸아이와 둘이 단출한 삶을 살고 있습니다. 열심히 일한 덕분에 회사에서도 인정을 받고 급여 수준도 좋은 편입니다. 특별한 걱정거리나 고민도 없는데 고질병인 만성 두통과 불면증은 낫지 않습니다. 정신과 치료도 받고 상담도 해봤지만 큰 효과를 보지 못했습니다. 최근엔 요가 교실도 나가고 댄스 교실에도 나가고 있습니다. 아직 효과는 잘 모르겠습니다. 사람들은 이혼 후 혼자 사는 생활이 너무 오래돼서 그렇다는 말도 합니다.

세로토닌 처방전

> 명상을 하세요

사람들의 말처럼 혼자 사는 생활이 원인일 수도 있습니다. 본인이 부인하려고 하기 때문에 자신도 잘 못 느끼는 것일 수도 있지만, 인간의 본성을 무시할 순 없습니다. 그러나 당장 권하고 싶은 건 명상입니다.

인간의 최고사령부 전두전야는 어느 한순간 조용히 쉴 틈이 없습니다. 최고 정상이기에 어느 한순간 바람 잘 날이 없습니다. 내·외부에서 밀려오는 온갖 문제들, 스트레스, 마음대로 되지 않는 현실 앞에 때론 좌절, 낙담할 수도 있습니다. 어떻게 해결해야 하나 밤새 고민할 때도 있습니다. 그래도 잘 풀리지 않는 게 우리네 살림살이요, 일상입니다.

사는 게 복잡하고 어려울수록 전두전야에는 엄청난 부하가 걸립니다. 현명하게 풀어야 하는데 실타래처럼 얽히고설킨 현실 문제가 쉽게 풀리지 않습니다. 마음은 급하고 허둥대다 일이 더 꼬이기도 합니다.

이럴 때 처방은 딱 한 가지, 명상입니다. 길게 안 해도 됩니다. 잘하지 못해도 됩니다. 조용하게, 깊고 부드럽게, 길게 복식 호흡 몇 번으로 충분합니다.

행복도 배워야 합니다

> 사업에 실패하고 나서
> 바닥으로 떨어진 내 삶이 너무 초라해요

나도 한때는 잘나가는 기업의 임원을 지냈습니다. 외국 유학까지 마친 엘리트 사원이었습니다. 그런데 잘나가던 회사가 부도에 몰리면서 임원들 집까지 다 담보로 넘어가고 퇴직금은커녕 빚만 잔뜩 떠안고 떠나야 했습니다. 당장의 생활이 문제였습니다. 살던 고향을 떠나 생판 객지로 이사를 갔습니다. 겨우 얻은 게 아파트 수위 자리였습니다. 당장 입에 풀칠하게 되었으니 역전의 노숙자 신세는 면하게 되었지요. 열심히 하고 있습니다. 자존심 이야기는 더 하지 않겠습니다. 이 자리는 인권이란 게 아예 없는 자리입니다. 설상가상 마누라가 위암수술을 받게 되었습니다. 산다는 게 뭔지 인생무상을 가슴 깊이 느끼고 있습니다.

 세로토닌 처방전

아무리 하찮은 일이라도 의미가 있습니다.
의미를 발견하세요

이해가 됩니다. 그러나 그 자리는 주민의 안전을 지키는, 참으로 중요한 자리입니다. 아무리 하찮은 일이라도 인간이 하는 일에는 숭고한 인생의 의미가 있습니다. 얼마나 힘들고 어려운 일이든 그리고 누가 하는 일이든 거기엔 의미가 있습니다. 우리는 그것을 읽어낼 수 있는 슬기와 지혜가 있어야 합니다. 그리고 그 힘든 일을 하는 사람에게 일깨워 줄 수 있어야 합니다.

우리는 이를 로고테라피Logo Therapy, 의미치료라고 부릅니다. 이를 처음 주장하고 실천한 사람은 빅터 프랭클Viktor Frankle이라는 오스트리아 빈의 정신과 의사입니다. 그는 제2차 세계 대전 당시 그 유명한 나치의 유대인 포로수용소에 수용되었다가 기적적으로 생환했습니다. 그가 전후 해방되어 고향으로 돌아와 집필한 책이 『죽음의 수용소에서』입니다. 세계 28개국에서 번역되고 단번에 900만 부라는 초인기 도서가 되었습니다. 그는 지옥보다 더 지독한 수용소 생활에서 죽은 자와 생존자의 마음가짐을 자세히 기록하면서 로고테라피를 완성하였습니다. 이것은 프로이드Freud의 쾌락설, 아들러Adler의 권력설을 뛰어넘은 인간 가치의 최고를 지향합니다. 매슬로Maslow의 욕구 5단계설 중 최고 단계인 자기 실현 단계를 넘어 자기 초월 단계로 끌어올린 인간 최고의 가치를 추구합니다.

앞서 말했듯 아무리 하찮은 일에도 거기엔 숭고한 인생의 의미가 있으며, 우리는 이것을 찾아낼 슬기와 지혜를 닦아야 합니다. 아무리 어려운 일이라도 왜 그 일을 해야 하는지 의미를 알고 하면 병이 되지 않습니다. 이게 스트레스 의학의 기본 원리입니다.

　코로나19와의 전쟁에 우리 모두는 불안과 울증에 시달려야 했습니다. 하지만 불안의 의미는 무엇일까요? 바로 조심하라는 경고 메시지입니다. 온 세계 인류가 코로나19에 시달리고 생명의 위협뿐만 아니라 경제적으로 엄청난 대가까지 치러야 했습니다. 우울할 수밖에 없는 상황입니다. 하지만 이건 너무나 당연한 일입니다. 조심하라는 경고 메시지라면 그리고 이 심각한 현실 앞에 우울하지 않다면 그야말로 문제입니다. 따라서 이 불안과 울증은 건강한 증거입니다. 이렇게 생각할 수만 있어도 한결 마음이 편해집니다.

> 일을 하면서 보람을 찾고 싶은 한편으론
> 일이 귀찮기도 해요

　나는 은퇴한 지도 한참 지났습니다. 집에서 하는 일 없이 빈둥거린다는 게 어쩐지 부끄럽기도 하고 이렇게 늙어 죽을 순 없다는 생각을 했습니다. 뭔가 뜻있는 일을 해보자는 생각으로 우리 집과 멀지 않은 곳에서 아이들 등굣길을 안전하게 지키는 일을 해보기로 했습니다. 아침마다 아이들의 밝은 웃음, 재잘거리는 소리를 들으며 참 보람 있는 일을 시작했다는 생각도 들었습니다만, 한편으로 힘들고 귀찮을 때도 있습니다. 비 오는 날이나 눈 오는 날, 아주 춥거나 더운 날은 게으름이 발동할 때가 있습니다. 따뜻한 방에서 늦잠을 잘 수 있었는데 괜한 짓을 시작했다는 후회도 듭니다. 그만큼 했으니 그만둘까 하는 생각도 하고 있습니다.

세로토닌 처방전

높은 이상과 목표를 가지세요

　참 좋은 일을 시작했습니다. 그것은 결코 작은 일이 아닙니다. 만약 당신이 인류 사회를 위해 높은 이상과 목표를 세워 생활한다면 그 목표와 이상이 이뤄지기까지 늙지도, 병들지도, 죽지도 않을 것입니다. 이게 몇 년 전 〈사이언스Science〉지에 발표된 내용입니다. 'Higher Life Goal'을 견지하는 것, 그러한 높은 가치를 위해 생활한다면 유전자가 자동으로 그 방향을 향해 간다는 것입니다. 이를 '유전자의 자동 유도장치'라고 부릅니다. 세계적 성인들이 건강하게 장수하는 이유를 최근 발달한 뇌 과학이 증명한 것입니다. 전두엽은 인간 최고의 사령탑이므로 인간 최고의 가치관을 정립하여 살아간다면 노쇠, 질병, 죽음으로부터 자유로워진다는 엄숙한 교훈을 얻게 됩니다. 이게 선비정신입니다. 선비정신의 뇌 과학적 해석입니다.

우리도 그간 산업사회 건설에 매진하느라 우리도 모르게 퇴폐적 근대 문명에 젖을 수밖에 없었습니다. 옛 선비들이 들으면 기절초풍할 일도 우리는 서슴없이 저질러 왔습니다. 추앙과 존경의 대상이었던 인물이 어느 날 쇠고랑을 차고 검찰 청사 포토라인 앞에 선 모습을 바라보고 있노라면 실망과 함께 허탈감에 빠집니다. 국가니 민족이니 하고 떠들던 작자들이 뒷구멍으로는 사리사욕에 빠져 온갖 편법, 부정을 저지르고 다녔으니 그러고도 마음이 편할 리 없습니다. 전화 한 통에 가슴이 철렁 내려앉습니다. 우리가 낡은 선비정신을 들고 나오는 이유는 새삼 설명이 필요치 않습니다.

밥벌이로 하는 일이
재미가 없습니다

아직 그럴 나이도 아니고 몸에 이상이 온 것도 아닌데 아침이 무척 힘듭니다. 일어나고 싶지 않습니다. 출근 시간은 다가오고 뒤척거리다 겨우 일어나 출근길에 쫓겨 오릅니다. 우울증 같진 않습니다. 세상 사는 일이 재미가 없습니다. 회사에 가봐야 밤낮 하는 일, 무슨 긍지가 있는 것도 아닙니다. 밥벌이나 하는 기분에 의무적입니다. 억지 출근에 억지 일입니다. 이런 지 벌써 몇 해나 되는 것 같습니다. 아무런 변화도 없고 무슨 희망이라는 것도 없는 참으로 따분한 인생입니다.

 세로토닌 처방전

> 설렘이 있어야 합니다

정서적으로 너무 가라앉아 있는 것 같습니다. 생활에 악센트가 있어야 활기가 감돌고 뭔가를 하고픈 의욕도 생기는 법입니다.

'아침에 눈을 뜨면 설렘이 있습니까?' 이 질문은 하버드 대학교에서 지난 80여 년간 하버드 출신 졸업자들이 얼마나 행복하며 어

행복도 배워야 합니다

떤 생활을 하고 있을까를 연구하는 유명한 프로젝트 — 설문지에서 제일 먼저 나오는 질문입니다. 몇 해 전 이 프로젝트의 중간보고서가 『행복의 조건』이라는 책으로 출간되었는데 내가 감수를 했습니다. 연구팀도 이 질문 하나만으로 그들의 생활상을 대충 짐작할 수 있다고 합니다.

그렇습니다. 아침에 눈을 뜨면 설렘이 있어야 합니다. 그게 없다면 따분한 하루입니다. 설렘이 없다면 일어나기조차 힘들 것입니다. 내게 설렘은 어제 새로 사온 책입니다. 무슨 내용일까 궁금하기도 하고, 새로운 이야기가 실려 있을까 괜히 가슴이 설렙니다. 멋있는 하루의 시작입니다.

당신의 아침은 어떤가요? 설렘이 없다면 만들어야 합니다. 사다놓은 커피도 좋고 쿠키도 좋습니다. 멋진 이성친구와 만날 약속이라도 있으면 금상첨화입니다. 어떤 관계이든 남녀가 만나면 설렘이 있습니다. 어떤 관계든 설렘이 있어야 관계가 발전합니다. 설렘만큼 세로토닌이 활성화된 것을 느낄 수 있는 지표는 없습니다.

PART 1. 행복하고 싶은 사람들을 위한 세로토닌 처방전

부자들을 보면 화가 나요

전력 질주를 해도 따라갈 수 없습니다. 숨을 헐떡이며 달려봐도 사람들은 저 멀리 앞에 있습니다. 도심의 높은 빌딩숲은 내겐 마치 신기루처럼 보일 뿐 실감이 나지 않습니다. 나와는 아무런 인연이 없는 별천지일 뿐입니다. 언젠가는 따라잡을 수 있으려니 하는 희망도 자꾸 힘을 잃어가는 것 같습니다. 쉼 없이 달려도 끝이 보이지 않습니다. 한국 사회가 잘살게 되었다는데, 세계 10위의 부자 나라라는데 나는 전혀 실감이 나지 않습니다. 괜히 짜증만 쌓여갑니다. 나도 언젠가 저 부유한 성공의 물결에 합류할 수 있을까요. 아득하기만 합니다.

세로토닌 처방전

선비정신을 부활시켜 보세요

하루가 멀다 하고 새 빌딩이 들어섭니다. 나는 죽어라고 뛰어봐야 제자리걸음, 비교가 안 될 수 없습니다. 솔직히 시샘도 나고 짜증이 날 수도 있습니다. 그게 인지상정입니다. 하지만 그게 인간을 발전시키는 동인이 될 수 있습니다. 그런 생각을 하노라면 '언젠가는 나도!'라는 오기가 생깁니다. 그리고 또 한편 생각하면 저게 바로 국력이란 생각도 듭니다. 세를 살아도 잘사는 집에 살면 모든 게 넉넉해서 나도 편해지는 점이 많습니다.

부란 무엇인가를 다시 한번 생각해봐야 합니다.

근대 문명은 극단의 이기주의와 무한경쟁을 축으로 하고 있습니다. 모든 문명은 결국 멸망으로 간다는 게 문화인류학 이희수 교수의 한결같은 주장입니다. 이집트, 그리스, 로마뿐인가요. 오대양을 주름잡던 스페인, 포르투갈…… 모두 초라한 유적만을 남긴 채 쇠락의 길을 걷고 있습니다. 근대 문명의 역사는 짧습니다. 산업사회가 본격화되면서 시작된 200년 남짓이 고작입니다. 하지만 이 역시 오래가진 못할 것이라는 게 학자들의 설명입니다. 극단의 이기주의와 무한경쟁을 근간으로 하는 문명이 오래갈 수도 없거니와 가서도 안 됩니다. 한국 사회도 지난 반세기 이런 퇴폐적인 문화권 속에 생존해왔습니다. 고맙게도 최근 들어 심각한 반성의 물결이 일어나고 있습니다. 한국의 CEO 모임에서도 이젠 경영학 공부보다 인문학 공부가 주류를 이루고 있습니다. 한마디로 근대 문명은 우리의 아름다운 전통, 선비문화로 대치되어야 합니다.

은퇴를 하고 나서
의미 없는 하루하루가 흘러가요

현역 시절엔 월요일 아침이면 괜히 몸도 마음도 지친다는 생각이 들 때도 있었는데, 무슨 변덕인지 요즘은 그 시절이 오히려 그리워질 때가 있습니다. 은퇴 후 삶이 너무 무료해서겠지요. 친구들과 어울려 노닥거리다 돌아오는 길, 문득 '내가 지금 무얼 하고 있지?' 괜히 짜증이 나고 허무한 생각이 들 때도 있습니다. '이렇게 내 인생이 끝나는 건가? 큰 병이 없으니 아직도 살 날이 까마득히 남았는데 이렇게 무료한 하루를 보내야 하다니, 이건 아니야. 이 세상 어디엔가 나를 필요로 하는 곳이 있을 텐데…….' 그런 생각에 하루가 의미 없게 느껴집니다.

세로토닌 처방전

내 삶의 주인공은 나라는 주인 의식을 가지세요

축하합니다. 당신은 아직 손님이 아닙니다. 은퇴 후 자살자가 급증한다는 게 최근의 보고입니다. 인간에게 가장 심각한 정신적 위기는 '난 이제 쓸모없는 인간이다', '사회가 나를 필요로 하지 않

행복도 배워야 합니다

는다'는 생각이 들 때입니다. 소외감, 무력감, 무능감, 허무감……, 이보다 심각한 정신적 위협은 없습니다. 이런 생각으로 인간 자체가 무너집니다. 가정이, 사회가, 친구들이 나를 필요로 하고 있다는 생각이 들게 해야 합니다. 그러기 위해선 '이 일은 내가 책임진다'는 주인 의식이 강해야 합니다. 난 지금도 지하철을 유료로 이용하는 승객입니다. 사회적으로 생산적인 사람이라는 인식을 갖기 위해서입니다. 나는 기회가 있을 때마다 평생 현역으로 뛰어야 한다는 말을 자주 합니다. 이 사회 어느 구석에선가 내가 해야 할 일이 있고 이 일을 해내야 한다는 의무감, 사명감이 있어야 합니다. 그래야 당사자 의식, 주인 의식이 생깁니다. 이건 우리 정신건강에도 절대적으로 필요한 의식입니다.

남자는 군대 현역을 마치면 예비군에 편입됩니다. 한창 바쁜데 예비군 훈련에 나오라는 통지가 오면 참으로 귀찮습니다. 겨우 예비역이 끝나면 이번엔 민방위군입니다. 이 역시 귀찮은 훈련이 가끔 있습니다. 어느 날 이것도 졸업이라는 통지를 받았을 때, 시원하지만 또 한편으로는 서운한 생각도 들었습니다. 이젠 나라도 나를 불필요한 존재로 취급하는구나.

세로토닌은 그루밍으로 활성화됩니다. 군집본능의 충족입니다. 함께한다는 의식이 강해야 연대의식이 생기고 이 사회 한구석은 내가 책임진다는 의식이 있어야 생기가 돌고 활기찬 인생이 됩니다.

어떤 인생에도 의미가 있습니다. 그리고 이 세상 어디엔가 내가 해야 할 일이 기다리고 있습니다. 빅터 프랭클 박사는 이를 '의미 치료'라 불렀습니다. 졸저 『내 삶의 의미는 무엇인가』 일독을 권합니다. 큰 도움이 될 것입니다.

정직이 힘이라는데……

어느 국회의원의 하소연입니다.

한국에서 국회의원을 한다는 건 마치 교도소 담장 위를 걷는 곡예사 같습니다. 바람 잘못 불어 안쪽으로 떨어지는 날, 지금껏 쌓아온 모든 것이 사라집니다. 모로 가도 서울만 가면 된다는 목표 지향적 사회인 한국에서 원칙을 지켜 정직하게 산다는 건 참으로 힘든 일입니다. 우리가 그런 사람을 골라 '우리는 당신과 함께합니다'는 패를 드리고 그들의 도덕적 울타리가 되어주기로 한 지 20년이 되었습니다. 그 촛불은 지금도 꺼지지 않고 우리 사회 한 구석에 조용히 빛을 발하고 있습니다.

세로토닌 처방전

> 정직해야 건강합니다

그 촛불이 꺼지지 않게 지켜주세요. 교장 선생님 훈화로 들리겠지만 이것은 참으로 중요한 덕목입니다. 정직하면 하늘을 우러러 한 점 부끄럼 없는 사람이 됩니다. 천지 무서울 것 없습니다.

우선 정직해야 건강합니다. 뭔가 떳떳치 못한 일을 했을 때면 전화벨이 울려도 소스라치게 놀랍니다. '이크, 걸렸나?' 가슴이 두근거리고 숨이 가빠집니다. 교감신경의 비상입니다. 이래서야 건강할 수가 없습니다. 정직해야 사람들로부터 신뢰를 받을 수 있습니다. 사회적인 성공도 정직이 만듭니다.

그런데도 그간 우리 한국 사회는 워낙 변혁이 많아서 얼렁뚱땅, 적당히 해치우기 일쑤였으며 정직하지 못했습니다. 정도를 따라가기 힘든 사회, 불신이 만연한 사회였습니다. 일상생활에서도 아무렇지 않게 거짓말을 잘합니다. 당장 눈앞의 이익을 탐해 정작 큰일은 그르치고 소탐대실의 우를 범하고 있었습니다. 불신 사회에 산다는 건 참으로 피곤한 일입니다. 그리고 불신 사회이기에 우리가 치러야 할 정신적, 경제적 부담이 너무 큽니다. 국회 청문회를 보면 명색이 장관을 하겠다는 위인들이 어쩌면 그렇게 뻔뻔스러운 짓을 하고 사는지 참으로 한심한 생각이 듭니다. 요즘 우리가 선비정신의 부활을 외치는 소이가 이해되었으면 좋겠습니다.

직언을 하기에 참으로 죄송하지만 우리 한국인은 거짓말을 잘합니다. 우리의 품성 중 결정적 취약점이 정직하지 못하다는 것입니다. 몇 해 전, 풀무원은 조계사 앞 허름한 2층에 사무실을 가지고 있었습니다. 에계계, 이게 뭔가요. 한데 이들의 소신은 나를 깜짝 놀라게 했습니다. 깨끗한 농산물을 공급하겠다는 것, 이 불신 사회에 신용을 팔아먹고 살겠다는 것입니다. 난 그 한마디에 감동하여 그날부터 풀무원의 홍보맨이 되기로 자청했습니다. 풀무원이 잘 되어야 우리 한국이 신용 사회로 정착이 됩니다, 목청껏 외치고 다녔습니다. 고맙게도 풀무원은 그 후 승승장구, 대기업으로 성장했습니다. 고맙습니다.

한국 사회가 안정이 되면서 '정도경영'이란 말이 기업 세계에 차츰 정착되어가는 것 같습니다. 하늘을 우러러 한 점 부끄럼 없이 정직해야 세로토닌이 펑펑 쏟아집니다. 그리고 행복이!

> **❝**
>
> ## 요즘 화가 자주 납니다.
> ## 그냥 지나갈 일에도 화를 주체할 수가 없어요

선생님 책은 잘 읽었습니다. 화에는 용서밖에 치료가 없다는 말씀, 잘 기억하고 있습니다. 실은 그 전엔 잘 참았습니다. 잘 참으니까 사람들이 저를 함부로 대하는 것 같아 더욱 화가 납니다. 화도 그냥 참기만 할 것이 아니라 적당히 내기도 해야겠구나 하는 생각이 들 때가 있습니다. 좀 어이없단 생각이 들기도 합니다만.

세로토닌 처방전

> 용서해주세요

얼마 전 뉴스에 고속도로에서 추월했다고 화가 난 운전자가 보복 운전을 하여 사고 난 장면을 보았습니다. 고속도로에서 차를 세워 앞서가던 차를 막고 주먹을 흔들며 달려가다 그만 뒤따라오는 차에 치여 엄청 큰 사고가 났습니다. 너무도 어이없고 무모한 짓입니다. 추월했다고 화가 난 것부터가 보통 상식으로는 납득이 안 갑니다. 더구나 고속도로에서 차를 세웠으니 이 무슨 변인가요.

분노가 치밀면 완전히 이성이 마비되어 끔찍한 사고를 저지른 것입니다. 전형적인 분노조절장애 환자입니다. 이런 환자에겐 어떤 응급조치도 할 수 없습니다. 평소 자기의 이런 성격을 아는 사람이면 정신과적 진료를 잘 받아야 합니다.

이런 응급 상황이 아니라도 평소 울화가 가득 찬 사람들이 적지 않습니다. 뭔가 억울하고 부당한 대우를 받은 데에 대한 분노 반응입니다. 이런 환자들은 당시 상황이 떠오를 때마다 화가 치밀고 적의를 품게 됩니다. 실제로 일어난 일의 내용 자체보다 그 일에 대한 자신의 반응이 더 큽니다. 어떻게 복수할까 생각합니다. 그의 인생에 달리 좋은 일이나 축복, 감사할 일은 생각도 안 납니다. 분노에 쓰이는 에너지를 이런 고마운 일에 쓴다면 얼마나 좋을까요.

지금 당신이 겪고 있는 불쾌한 감정의 책임을 상처 낸 사람에게 돌린다는 건, 당신 감정을 지배할 권리를 그에게 위임한 결과가 됩니다. 그렇다고 화풀이를 잘못했다가는 사태가 더 악화될 수 있습니다. 정신 상태가 점점 거칠고 불쾌해집니다. 주위 사람을 잡고 넋두리를 해대는 통에 사람들은 당신을 피합니다. 당신의 감정만이 문제가 아닙니다. 신체적 건강에도 문제가 생깁니다. 심장병 발병률이 3배나 높다는 보고도 있고, 5분만 화를 내고 있으면 면역체계가 약화된다는 보고도 있습니다. 스탠퍼드 용서 클리닉에서는 이때 침 속의 면역 글로블린 항체(1ga)의 양을 측정한 결과 현저히 저하되었다고 보고하고 있습니다.

이런 상황에선 유일한 해답은 용서뿐입니다. 상대가 아니라 당신 자신의 마음의 평화를 위해서입니다. 그러려면 일단 용서하겠다는 결심을 해야 합니다. 우연히 용서가 되기란 쉽지 않습니다. 물론 서두를 필요는 없지만 용서는 빠를수록 당신에게 상처를 덜 남깁니다. 우리는 과거를 바꿀 순 없습니다. 그러나 현재는 가능합니다. 용서하기로 결심하는 것만으로 마음이 가벼워지는 걸 느낍니다. 물론 스트레스 반응도 줄어듭니다. 결심을 한 이상 이제부터는 지나온 이야기를 하면서 가련한 피해자가 아닌 씩씩한 주인공이 될 수 있습니다. 그간 분노에 쓰던 에너지가 너무 아깝습니다. 그 에너지가 내 주위 좋은 사람에 대한 감사, 축복 등에 쓰였다면 얼마나 좋을까요. 이젠 불행을 찾는 에너지로 긍정을 찾게 됩니다. 그게 인간 본래의 모습입니다. 로고테라피의 목표이기도 하지요.

스탠퍼드 클리닉에선 PERTPositive Emotion Refocusing Technique를 권합니다. 긍정적 기분을 되찾을 기술입니다. 기억의 그릇 속에 긍정적인 기억을 많이 넣으면 옛 상처가 절로 줄어들 것입니다. 이제부터 당신의 감사 채널에 맞추세요. 사랑 채널, 용서 채널, 아름다운 채널에 맞추세요. 복근 심호흡도 함께하면 한결 효과적입니다.

이 증례를 길게 쓰는 이유는 세로토닌 문화 설립 이념이 공격적이고 폭발적인 한국인의 심성을 달래보자는 데서 출발했기 때문입니다.

행복도 배워야 합니다

하루를 바꾸는
마법의 호르몬

PART 2

힐링과 행복의
뇌 과학

나의 세로토닌 지수는?

세로토닌에 대한 본격적인 논의를 시작하기 전에 자신의 세로토닌 지수를 측정해보자. 10여 년간 세로토닌 운동을 해온 경험을 살려 간편 지수를 만들어보았다.

◎ **다음 해당하는 각 항에 체크하고 채점해보십시오.**

1	아침에	사뿐히 일어난다.	억지로 일어난다.
2	밥을	천천히 먹는 편이다.	빨리 먹는 편이다.
3	걷는 게	즐겁다.	억지다.
4	운동을	규칙적으로 한다.	따로 하지 않는다.
5	피로도	활기차다.	자주 피로하다.
6	성질이	느긋한 편이다.	조급한 편이다.
7	마음 상태가	밝고 긍정적이다.	어둡고 부정적이다.
8	달, 별, 낙조를	자주 바라본다.	거의 안 본다.
9	명상이나 사색을	더러 한다.	안 한다.
10	지금 사랑에	빠져 있다.	아니다.
	채점	각 1점	각 0점

◎ **평가**
　-8점 이상: High 상태다. 축하합니다!
　-5~7점: 보통이다. 삶에 악센트를!
　-4점 이하: Low 상태다. 근본적 조치를!

◎ **세로토닌 객관적 측정**
　① 혈액, 침을 통한 검사(녹십자, 이원의료재단, 씨렌)
　② 백혈구 분획 검사(일반 의원)

한국인의 행복지수

당신의 세로토닌 지수는 얼마나 나왔는가? 보통 수준은 넘었으면 좋겠다. 세로토닌 지수는 우리의 정서 상태와 행복지수를 가늠해볼 수 있는 간단한 도구이다.

요즘 힐링이 유행이다. 그만큼 우리 마음이 편치 않다는 방증이다. 지난날, 우리는 너무나 격한 세월을 살아왔다. 워낙 후발 국가라 따라잡기에 정신이 없었다. 우리에겐 밤도 없었다. 온 세계를 누비고 다녔다. 산업화 사회 건설을 위해 정말이지 죽어라고 달렸다. 오직 그 목표를 위해 때로는 무리도 빚고 억지도 있었다. 덕분에 우리는 현대 문명의 꽃, 산업사회의 막차 손님이 되었다. 만세 만만세다.

그러나 얻은 것 만큼 잃은 것도 많다. 우선 심신이 너무 지쳤다. 인간 소외, 아름다운 인정 문화가 사라졌다. 도시화 물결과 함께 하루아침에 도농 인구가 역전되었다. 들어보지도 못한 공해란 말도 등장하고 무한경쟁, 극단의 이기주의가 팽배했다. 모두들 스트레스에 지쳤다. 무엇을 위한 발전인가. 이제야 사람들이 마음의 안녕, 힐링이 절실하게 되었다.

이런 격정의 시대를 살아가느라 뇌 과학적으로 가장 큰 손상을 입은 곳이 전두엽과 변연계다. 전두엽은 인간 최고의 사령부여서 인간이 인간답기 위해서는 전두엽이 건전해야 한다. 그리고 변연계는 감성 센터이다. 인정의 고갈, 메마른 지적 경쟁 속에 푸근한 정서가 사라졌다. 우리는 달을 잃었고 별을 잃었다. 시가 사라졌고 문학이, 예술이 무너졌다. 한마디로 정서가 메말라버렸다. 인정도 없고 눈물도 없는 참으로 건조한 세상이 되어버린 것이다. 이것이 급조된 산업사회 건설이 남긴 상처요, 유산이다. 우리 뇌도 메말랐다. 세로토닌, 옥시토신, 도파민 등 행복긍정물질은 고갈되고 대신 폭력적, 충동적인 공격 호르몬 노르아드레날린NA이 득세하는 불균형 상태가 되어버렸다.

최근에 조사된 삶의 질이나 행복지수는 OECD 국가 중 거의 바닥권이고 세계 평균의 중하위권이다. 경제는 11위, 1인당 국민 소득 3만 달러가 무색한 지경이다. 우리는 지난 88올림픽 때 국민의 70%가 중산층이라고 응답했으며, 모두 기대와 흥분에 들떠 있었다. 당시 우리 GNP는 4,400달러였다. 지금은 거의 6배로 껑충 뛰었는데도 행복지수가 바닥권이다. 물적, 외적 성장은 우리의 내적 만족과는 별개라는 이야기다. 이젠 외적 성장의 시대가 아니라 내적 성숙의 시대라는 것이다. 인간은 물적 존재가 아니라 정신적 존재라는 로고테라피의 원리를 새겨보라.

사람들은 말한다. 행복은 멀리 있는 것이 아니고 우리 곁에 있다고. 우리가 보지 못하고 느끼지 못할 뿐이라고 한다. 우리가 세로토닌 운동을 벌이는 것도 여기서 비롯된다. 뇌 과학적으로 본 행복은 세로토닌이기 때문이다. 뇌 속에 세로토닌이 풍부한 상태가 힐링이요, 행복이다.

행복의 여신의 탄식

동화작가 이시형이 쓴 이야기이다. 사람들을 행복하게 해주라고 세상에 내려보낸 행복의 여신이 울면서 하늘나라로 돌아왔다. 하느님이 깜짝 놀라 이유를 물었더니, 세상 누구도 자신을 상대해주지 않았다고 한다. 문을 두들겨도 열어주지 않고, 내가 여기 있다고 고함을 쳐도 귀를 막고 지나간다고. 요즘은 아예 작당을 하고 왕따를 시킨다고 행복의 여신은 탄식했다. 하느님도 이 문제를 어떻게 풀어야 하는지 고민에 빠지셨다는 내용이다.

파랑새를 찾아주세요

파랑새, 어떤 이미지인가? 행복, 사랑, 희망…… 참 좋은 이미지가 떠오른다. 노래도 있다. 새야 새야 파랑새야 녹두밭에 앉지마라.

행복 이야길 하다 문득 『파랑새』 생각이 났다. 중학생 때 세계문학전집으로 읽은 기억이 난다. 줄거리는 잘 생각이 나지 않는다.

'행복은 먼 데 있는 것이 아니고 우리 가까이 있다. 우리가 못 볼 뿐이다.' 대략 이런 메시지를 담고 있었다는 기억만 난다. 다시 읽어보기로 하고 책방에서 찾아보니 내가 생각했던 것과는 아주 다른 책이었다. 우선 너무 두꺼워 이걸 어떻게 읽을지 겁이 났다. 그리고 놀라운 건 소설이 아니라 연극 시나리오였다는 사실이다. 작가 모리스 마테를링크Maurice Maeterlinck는 영국인이 아니라 벨기에인이었다. 그리고 1911년 노벨상 수상작가였다.

연극은 이렇게 시작된다. 가난한 남매, 여동생 미치르와 오빠치르치르가 살았다. 크리스마스 이브, 앞집 부잣집에서는 음식을 잔뜩 쌓아놓고 먹지도 않고 모두 이야기만 하고 있었다.

"왜 안 먹지?"

"배가 안 고프니까 그렇겠지."

오빠가 대답했다. 잠이 들자 요술 할머니가 나타났다.

"너희들이 파랑새를 찾아오면 무슨 소원이든 다 들어줄게."

남매는 꿈에 부풀어 온 세상을 다 돌아다녔지만 찾을 수 없었다. 지친 몸으로 집에 돌아오니 자기네 방, 헌 새장에 초라한 새가 한 마리 있었다. 그런데 그 새가 차츰 파랑새로 바뀌었다. 이웃의 다리가 불편한 소녀가 파랑새를 안고 다리를 낫게 해달라고 빌었더니 다리가 거뜬히 나았다. 남매는 신이 났다. 그런데 이게 웬걸, 순간 파랑새는 창을 통해 하늘 높이 날아가버렸다. 남매의 꿈과 희망, 행복도 다 사라졌다. 마지막 무대, 오빠가 관객을 향해 "여러분, 제발 파랑새를 찾아 돌려주세요. 우리에겐 파랑새가 필요한데……." 하고 힘없이 외치면서 막이 내린다.

좀 잔인하게 들릴 수 있는 이야기다. 행복은 없다는 의미다. 그래도 우리에겐 필요한 건데. 노벨상 작가가 어쩌면 이렇게 가혹한 이야기를 우리에게 남겼을까? 깊은 생각에 빠졌다. 행복은 가까이 있는 것도, 길에 굴러다니는 것도 아니다. 작가는 정직했다. 그런 행복은 없다, 필요하면 네가 만들어야 한다. 이것이 작가가 하고 싶었던 이야기 아닐까.

요즘은 우리 젊은이들이 취업 자리 구하기가 대단히 어려워졌다. '어디엔가 내가 갈 곳이 있을 것이다, 찾기만 하면 된다?' 안타깝지만 나를 기다리고 있는 빈 의자는 없다. 필요하면 내가 만들어야 한다. 중국 졸업생의 40%는 창업을 한다는 기사를 읽은 적이 있다. 중국이 무서운 속도로 우리나라를 추월하고 있는 게 보인다.

미국 하버드 대학에 HBS(하버드 비즈니스 스쿨)이 있다. 여기만 졸업하면 장래 걱정은 안 해도 된다. 내가 그곳에서 놀란 것은 그들의 발걸음이었다. 그곳에서는 느긋하게 산책하듯 걷는 학생이 한 명도 없다. 커피도 스탠드 테이블에서 서서 마시고, 회의도 서서 한다. 느긋하게 앉아 한가한 이야기를 하는 그룹을 본 적이 없다. 이들은 온 세계에서 스카우트 손길을 내밀고 있다. 우리 젊은이들과는 너무나 대조적이다.

대기업 취직자리는 하늘의 별따기라는 젊은이들에게 나는 취업을 하려면 대기업보다 중소기업을 찾으라고 권하고 싶다. 작아도 세계 최고의 기술을 가진 강한 기업이 많다. 그런 곳이라야 내 창의성도 발휘할 수 있는 기회가 있다.

마음과 뇌의 3층 구조 – 마음은 뇌에 있다

힐링과 행복의 뇌 과학적 분석을 이야기하기 전에 먼저 생각해보자. 인간의 마음은 도대체 어디에 있을까, 어떻게 마음이 이뤄질까. 얼마 전까지만 해도 마음은 추상적인, 형이상학적인 것으로 생각되어왔다. 하지만 최근 발달한 뇌 과학은 마음은 뇌에 있다는 게 확실해졌다. 구체적으로 마음은 대뇌변연계와 대뇌의 전두전야에 있다. (아리다 교수) 마음의 기본은 감정이다. 괴롭다, 즐겁다, 아프다…… 우리는 매일 그런 마음의 움직임에 따라 살고 있다.

뇌의 3층 구조

마음을 뇌 과학적으로 이해하기 위해 뇌의 간단한 구조부터 이해해야 한다.

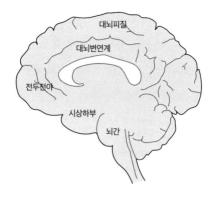

뇌는 그림과 같이 제일 구석 아래에 뇌간이 있다. 본능적인 기본 운동을 담당하는 곳이기 때문에 인간 뇌는 그 위에 얹혀 발달해 왔다. 뇌간 위에 시상하부 그리고 대뇌변연계, 그 위에 발달한 대뇌피질이 있다. 대뇌피질은 다시 두정엽, 측두엽, 전두엽, 후두엽으로 나뉘어 있지만, 전두엽 앞부분이 가장 인간다운 마음을 관

장하는 최고사령부이다. 이들의 기능을 간략히 설명해두는 게 마음과 세로토닌을 이해하는 데 도움이 될 것 같다.

뇌간(자립뇌)

일명 자립뇌라고도 불리는 뇌간은 원시적인 동물에도 있다. 호흡, 순환, 소화 등의 자율신경 기능 중추가 있고 보행, 저작 등의 기본적인 생명 활동에 관한 운동을 조절하는 중추도 있다. 이 때문에 뇌간은 내장이나 근육과 직접 연결되어 있다. 그리고 뇌간 위에 발달한 시상하부, 대뇌변연계, 대뇌피질 등 상위 뇌와도 연결되어 영향을 주고 있다. 각성과 수면을 관장, 제어하며 뇌 전체의 활성도를 올리거나 쉬게 하는 등 조절한다. 우리의 마음을 구성하는 가장 기본적인 3대 물질, 노르아드레날린과 도파민, 세로토닌의 출발점도 이곳이다. 뇌간 중앙의 봉선핵에 세로토닌 신경이 있고(다른 신경세포는 좌우에 평행으로 있지만, 세로토닌 신경만은 예외로 정중앙에 있다) 그만큼 뇌 전체를 조율하는 데 중요한 역할을 할 수 있게 분포되어 있다. 좌우 청반핵에 노르아드레날린 신경, 선조체에 도파민 신경이 있다. 전전두엽이나 대뇌변연계 등 마음의 본체를 이루고 있는 자극의 원점의 출발점이 가장 오래된 뇌, 뇌간에 있다는 게 신기하다.

시상하부(생존뇌)

식욕과 성욕 등 생존에 불가결한 본능을 담당하는 곳이다. 여기는 종의 보존에 중대한 영향을 미치고 있다. 추위, 더위, 낮, 밤 등 환경의 변화에도 생존할 수 있는 것은 체온을 일정하게 유지하는 항상성이 여기서 발달한 덕분이다. 스트레스를 이겨내고 용감성을 갖는 것, 집단으로 살아가기 위한 생활법도 이 뇌에 각인되어 있다. 자율신경사령부, 호르몬 대사, 면역계도 여기 모여 있으며 각 계통은 단독으로 기능하기보다 협업한다.

대뇌변연계(감정뇌)

즐거움, 슬픔, 성, 무서움 등 여러 가지 감정이 형성되는 곳이다. 의욕 등 즐거운 감정을 일으키기도 하지만 공포와 불안 등의 불쾌한 감정을 회피하는 행동을 일으킨다. 포유류 동물에도 발달되어 있으며 생명의 중추인 시상하부의 호위병 역할도 한다. 스트레스가 쌓여 시상하부가 감당하기엔 너무 커지거나 장기간 계속되어 못 견딜 정도가 되면 편도체가 반발하여 전두엽 명령을 무시하고 시상하부의 욕구를 들어주도록 폭발한다.

대뇌피질(언어, 지능)

동물에겐 거의 없고 인간에게만 특히 발달해 있는 부위로서 뇌의 제일 상층부에 있다. 그 덕에 인간은 고도의 지능, 언어 등을 구사하여 사회생활을 원활하게 할 수 있고 인간의 발달사에 획기적인 공헌을 한다. 대뇌피질은 몇 가지 영역으로 분할되어 있으나 그중 특히 가장 인간스러움에 관여하는 부위는 전두전야이다.

전두전야(감정 조절)

이마 뒤에 인간 최고의 사령부가 있다. 여기선 대뇌변연계(감정뇌)를 억제하고 조절하는 일을 함으로써 사회적 규범을 따르게 한다. 문제 해결, 기획, 판단, 지령, 창조적인 일, 고등 정서 등 계획적 행동이나 사회 규범에 맞게 적절한 행동을 실행하는 능력, 작업 기억Working Memory 등의 인간으로서 해야 할 고등 능력을 행사하는 곳이다.

신경세포의 정보전달

뇌의 신경세포는 축색을 뻗어 다음의 신경세포에 자극Impulse을 전달한다. 자극을 전달하는 접합 부위가 시냅스Synapse인데, 여기에 신경전달물질을 방출함으로써 자극이 다음 신경으로 전달된다. 가령 세로토닌 신경은 시냅스 소포가 터져 세로토닌을 내어서 시냅스 공간에 분출, 다음의 신경세포에 전달한다. 다음의 신경세포에는 세로토닌을 받아들이는 수용체Receptor가 있다. 이렇게 육상 계주처럼 바통을 다음, 다음으로 전달한다. 수용체에서 주고받는 기능에 문제가 생기면 당연히 정보전달이 제대로 안 된다. 특히 세로토닌은 워낙 귀한 물질이어서 자체에서 풀려나온 세로토닌을 다음 신경으로 모두 보내지 않고 그 전 신경으로 재흡수하는 부분이 두 군데(다음 그림의 ①, ②) 있다. 세로토닌이 넘치지 않는 이유는 여기에 있다.

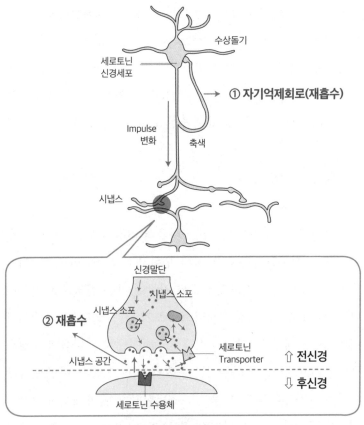

수상돌기

세로토닌
신경세포

→ ① 자기억제회로(재흡수)

Impulse
변화

축색

시냅스

신경말단

시냅스 소포

시냅스소포

② 재흡수

시냅스 공간

세로토닌
Transporter

⇑ 전신경

⇓ 후신경

세로토닌 수용체

| 세로토닌 신경의 구조 |

행복도 배워야 합니다

마음의 3요소 – 노르아드레날린, 도파민, 세로토닌의 분비량에 따라 우리 마음 상태가 결정된다.

뇌 속에는 많은 정보전달물질이 있는데 우리가 일상에서 가장 자주 경험하는 세 가지 물질이 있다. 이 중에 어느 물질이 많이 분비되느냐에 따라 마음 상태가 결정된다. 이제 마음은 추상적이거나 형이상학적 차원이 아닌 구체적인 물질이요, 에너지로 작용한다. 3대 물질은 ① 노르아드레날린 ② 도파민 ③ 세로토닌인데 이들 물질의 분비량에 따라 우리 마음 상태가 결정된다.

① 노르아드레날린(Noradrenalin, NA)

노르아드레날린 신경의 출발점은 뇌간 좌우의 청반핵에 대칭으로 존재한다. 거기서 대뇌피질을 비롯하여 대뇌변연계, 시상하부, 뇌간, 소뇌, 척추 등 광범위한 뇌 신경이 축색을 뻗어 영향을 주고 있다.

노르아드레날린 신경의 가장 중요한 역할은 뇌내의 위기관리 센터 역할이다. 생명이 위기에 처했을 때 노르아드레날린 신경을 흥분시켜 위기에 대처한다. 집에 강도가 들어온 위기 상황이다. 이때 발동하는 게 노르아드레날린 신경이다. 싸우거나 달아날 준비를 해야 한다. 비상사태에 대비하기 위해 모든 뇌에 경고 발령을 내는 동시에 싸우거나 달아나기 위해 뜨거운 각성을 해야 한다. 더 심각한 절체절명의 순간에는 신비의 힘(로고스)이 발동한다.

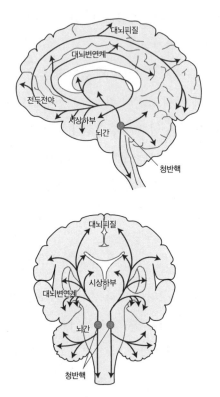

ㅣ노르아드레날린 신경세포가 있는 장소 및 축색의 투사 영역ㅣ

이런 뜨거운 각성은 외부에서 오는 위기뿐 아니라 우리 몸 내부
에도 일어난다. 싸울 것인가 달아날 것인가를 순간적으로 판단하
고 구체적인 행동을 취하게 된다. 위기 상황에 이런 기능이 잘 작
동함으로써 인류가 오늘까지 살아왔다고 해도 과언이 아니다.

그러나 별로 큰 위기가 아닌데도 신경질을 내거나 짜증, 성을 내는 등 공격적인 행동을 하는 경우는 노르아드레날린의 과잉 반응으로, 이런 상태를 스트레스라 부른다. 스트레스가 장기간 계속되거나 혹은 너무 심할 때 노르아드레날린 과잉으로 뇌의 흥분이 통제되지 못한다. 여기서 우울증을 비롯하여 불안 신경증, 공황장애, 강박 신경증, 사회 공포증 같은 여러 가지 정신병적인 문제를 일으킨다. 그뿐만 아니라 묻지 마 살인 등 끔찍한 범죄를 저지르기도 한다.

우리 사회는 스트레스로 넘쳐난다. 노르아드레날린이 상황에 맞게 잘 조절되지 않으면 작은 스트레스에도 과잉 반응을 하게 되는 폭력적인 노르아드레날린 사회가 될 수도 있다.

② 도파민 신경

도파민 신경의 출발점은 뇌간 좌우의 흑질이나 복측피개야에 위치한다. 대뇌피질의 전두전야 및 대뇌변연계에 축색을 뻗쳐 영향을 미친다.

이 신경의 특징은 무언가를 했을 때 기대되는 쾌감, 보수를 불러일으키는 것이다. 기대보다 큰 보수가 돌아올 때 더 흥분된다. 이런 보수를 얻었을 때 기능하는 뇌 회로를 보수 회로라고 부른다. 이게 자극되면 기분이 아주 좋아지며 더 하고 싶은 의욕이 생기거나 점점 노력하게 된다. 공부를 열심히 하면 성적도 오르고 선생님과 부모님의 칭찬이 뒤따른다. '기분이 좋다. 더 해야지' 하고 의욕적으로 생각하게 된다. 이 상태를 "공부에 재미들었다"라고 하고 학술적으로는 '강화 학습'이라고 부른다. 도파민 신경의 80%는 운동 조절에 관여하고 있다. 적절한 운동에 기분이 좋은 건 이 때문이다.

　사람 욕심이 끝없는 것 또한 이 때문이다. 도파민 신경에는 자기 억제 회로가 없다. 이 점이 세로토닌과는 다른 근본적 차이다. 더 높은 것, 더 큰 것, 더 좋은 것, 더, 더……. 이것이 충족되면 쾌락 중추(도파민 신경핵)는 더욱 흥분되고 쾌감을 얻게 된다. 이런 심리를 'More Psychology(더 더 심리)'라 부른다. 문제는 이것이 충족되지 않는 경우다. 열심히 노력해도 보수가 없다면 굉장한 실망, 좌절에 빠질 것이다. 즉각 불평, 불만이 터져 나온다. 이게 도파민 사회의 약점이요, 오늘날 한국 사회 정신병의 일면이 아닌가 생각된다.

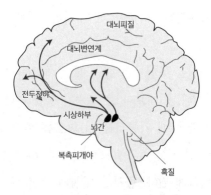

| 도파민 신경세포가 있는 장소 및 축색의 투사 영역 |

첨언해야 할 것이 있다. 고령이 되면 도파민이 점점 부족해지고 결핍 상태가 되면 파킨슨병의 원인이 될 수도 있다. "노력하면 뭐든 이룰 수 있다"는 것이 도파민 사회의 구호처럼 되어 있지만, 우리 사회가 그리 녹록치 않다. 노력한다고 다 되진 않는다. 이럴 때 오는 좌절, 실망, 허탈감을 잘 조절할 수 있어야 하는데, 이때 구원의 손길을 뻗는 자가 세로토닌이다.

③ 세로토닌 신경

출발점은 뇌간의 봉선핵에 있다. 다른 신경과 달리 좌우 뇌의 정중앙에 위치함으로써 뇌의 전체적 균형을 조절하는 성질을 말해주고 있다. 봉선핵 근처에는 호흡, 보행, 저작 등 생명과 직결되는 중요한 운동을 담당하는 중추가 있으며 세로토닌 신경과 깊이 연계하고 있다. 봉선핵은 아주 작아서 여기 있는 신경세포의 수는 겨우 수만 개에 지나지 않는다. 뇌 전체의 신경세포 수인 150억 개에 비하면 아주 작은 신경이다. 그러나 이 신경은 축색을 뇌 전체에 뻗쳐 회로를 구축하고 있다. 그 대상은 노르아드레날린 신경 분포 영역과 아주 비슷해서 대뇌피질을 비롯한 대뇌변연계, 시상하부, 뇌간, 소뇌, 척추 등에 넓게 분포되어 있다. 이는 마음, 자율신경, 근육, 감각, 대뇌 기능까지 영향을 미친다. 즉 마음, 머리, 몸에까지 영향을 미치는 것인데, 뇌 속에 이러한 신경이 있다는 것은 놀라운 일이다. 세로토닌 신경이 뇌 속에 있다는 게 발견된 건

겨우 1970년대였지만 그 후 많은 연구가 보고되었으며 그 기능 또한 초기 연구 보고서와 비교해 대단히 다양하고 복잡해졌다. 이는 이번 책에 추가 보충된 것을 봐도 알 수 있다.

한마디로 세로토닌은 조절, 조정, 균형을 잡는 기능이 대표적이며, 이완이 되면서 집중력을 높이는 특징이 있다.

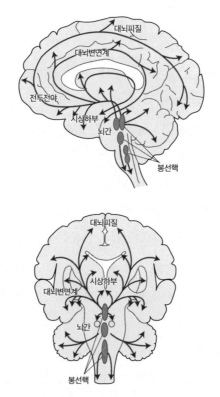

│ 세로토닌 신경세포가 있는 장소 및 축색의 투사 영역 │

행복도 배워야 합니다

세로토닌 신경의 또 한 가지 특징은 다른 신경으로부터 자극이 없어도 자율적으로 일정한 빈도의 자극을 계속 만들어 냄으로써 세로토닌을 방출한다는 사실이다. 잘 때는 세로토닌도 쉰다. 그리고 모든 동물에게 다 있으며 기능 또한 전체적인 균형과 조화를 돕고 있다.

세로토닌 신경이 활성화되어 조절 역할을 잘한다면 뇌도 그리고 우리 사회도 한결 편안하고 조용할 텐데 불행히도 이게 잘 안 되고 있다. 어떻게 하면 나쁜 습관을 고칠 수 있을까?

④ 전두전야와 4대 신경계

4대 신경계에 관해 그림으로 설명했지만 어느 신경이든 고도의 인간적인 마음을 담당하는 전두전야를 빼놓고 이야기할 수 없다. 이들 4대 신경계도 당연히 축색을 전두전야까지 뻗어 활동하

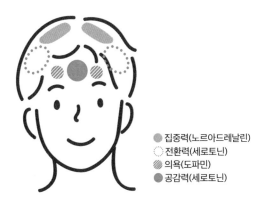

● 집중력(노르아드레날린)
○ 전환력(세로토닌)
▨ 의욕(도파민)
● 공감력(세로토닌)

고 있다. 전두전야에 있는 '작업뇌'는 노르아드레날린 신경, '학습 뇌'에는 도파민 신경, 그리고 '공감뇌 및 전환력'은 세로토닌 신경 이 관여하고 있다. 동시에 각종 스트레스도 전두전야의 4대 신경 계와 밀접한 관계를 갖고 있다.

옥시토신(Oxytocin)

근년에 들어 사랑 호르몬으로 주목받고 있는 옥시토신에 대한 이야기를 해야 할 것 같다. 세로토닌과 대단히 비슷한 기능을 하지만 몇 가지 다른 점이 있다.

옥시토신의 기능을 이야기하면

① 사람에의 사랑, 친근감, 신뢰감을 만든다.

② 스트레스를 줄이고 행복감을 얻는다.

③ 혈압 상승을 억제한다.

④ 심장 기능을 좋게 한다.

⑤ 장수한다.

옥시토신은 몇 해 전까지만 해도 모성애의 기본으로 생각해왔다. 엄마가 아기를 안고 수유하는 장면만큼 편안하고 행복한 모습은 달리 없다. 모성애의 원천이란 생각이 결코 틀린 말은 아니다. 그러나 최근엔 옥시토신이 남성에게도 있고 심지어 반려동물과

행복도 배워야 합니다

인간 사이에서도 양쪽 다 분비된다는 사실이 증명되었다. 물론 아기를 낳고 수유하는 엄마에게서 가장 현저히 증가한다.

이것 또한 남녀 애정에 깊이 관여하는 호르몬이다. 성적 행동은 여기서 출발한다. 이성을 사랑하면 냉정한 판단력에 장애가 오는데, 모두가 반대하는 사람에게 자기 혼자만 빠지는 것도 그래서다. 좋아하는 사람과 드디어 데이트가 이뤄졌을 때는 쾌락 호르몬, 도파민이 분비된다. 그래서 이를 투쟁 후 승리에 대한 보상 호르몬이라고 부른다. 연애의 안정기에 들어 스킨십을 할 때는 도파민보다 옥시토신이 더 많이 분비된다. 그리고 성행위를 할 때는 절정에 이른다.

일반적으로 여성의 성행위는 옥시토신을 중심으로, 남성은 도파민을 중심으로 분비된다. 특히 사춘기 이후엔 남녀의 성 차이가 확실해지는데 여성에게는 여성 호르몬인 에스트로겐, 남성에겐 테스토스테론이 분비된다. 특히 에스트로겐은 세로토닌 신경의 활성화, 합성을 돕고 분해를 억제함으로써 세로토닌을 증가시킨다. 사춘기가 되면 여성은 세로토닌적인 뇌를 갖게 된다. 그것은 곧 사람과 사람 사이를 잇고 관계를 깊게 하는 방향으로 간다는 것을 의미한다. 반대로 남성의 테스토스테론은 도파민이 작용한다. 여성을 위해 투쟁적으로 변모하는 것이다.

세로토닌적으로 된 여성의 뇌는 또 옥시토신을 활성화한다. 세로토닌 신경이 활성화되면 뇌 상태를 안정시켜 편안함과 평상심을 만들어낸다. 특히 세로토닌은 스킨십을 통해 더욱 활성화되며 이것이 또 옥시토신을 활성화시킨다. 불행히 우리 사회는 옥시토신은 물론이고 세로토닌 환경과는 반대로 가고 있다. 대면對面하지 않고 컴퓨터로 일을 처리하는 독신 경향이 코로나19 사태로 인해 더욱 심화되어 걱정이다. 사람은 결코 혼자 살 순 없는데!

행복의 정체

'당신은 언제 행복을 느끼나요?' 이 물음에 바로 대답하지 못하는 사람이 많다. 행복을 못 느껴서는 아닐 텐데, 왜 그럴까? 행복을 느끼는 상황은 사람마다 다르다. 우리는 지금까지 우리 정서나 행동, 판단 등에 작용하는 주요한 뇌내 물질에 대해 자세히 논한 바 있다. 여기선 행복을 느끼는 상황을 크게 4가지로 나누어 생각해본다.

① 도파민성 행복
목표 달성, 꿈이 실현될 때 우리는 엄청난 만족감, 승리감에 따르는 행복을 강하게 느낀다. 문제는 이런 기분은 오래가지 않고 더, 더 하는 더 큰 욕심이 생긴다는 것이다. 그러기 위해선 경쟁을 해야 하니 스트레스가 따른다. 또 노력을 해도 되지 않는 경우 즉각 불평불만이 따른다. 물론 이건 로고테라피(의미치료)에서 이야기하는 실존적 좌절과는 차원이 다르다. 인간에게 욕심이 끝없는 건 이 때문이다. 여기엔 습관성이 생긴다는 게 큰 문제다.

② 옥시토신성 행복

우리가 친절한 행동이나 감사를 베풀 때 마음속에 따뜻한 불씨가 켜지고 한없이 즐거운 행복감에 젖는다. 이런 행복은 오래간다. 사람이 곤경에 빠지는 걸 보면 우리의 전두전야는 공감을 일으켜 측은한 마음이 들고 도와주고 싶은 충동을 느끼게 해 실행한다. 감사를 바라거나 인사를 듣고 싶어 하는 것도 아니다. 인간은 이타적 본성이 있다. 그렇게 함으로써 내가 행복하다. 이것이야말로 사회 윤활유 역할을 하는 귀중한 물질이다.

③ 세로토닌성 행복

피곤한 하루를 마치고 잠자리에 누울 때, 혹은 좋은 사람과 함께 여행을 떠날 때 그지없이 마음이 편안하다. 완전한 휴식Total Relax, 이것이 힐링이다.

④ 복합성 행복

사랑하는 사람과 함께할 때 우리는 행복하다. 이때 느끼는 행복은 도파민, 옥시토신, 세로토닌 등 행복에 관여하는 모든 물질이 동원되는 복합성 행복이다. 인간의 본능인 성적 흥분까지 생각하면 성 호르몬도 동시에 분비된다.

하루를 바꾸는
마법의 호르몬

PART 3
·········

세로토닌의
뇌 과학

세로토닌의 기능

　세로토닌은 뇌 속에서 분비되는 50여 종이 넘는 정보전달 물질 중 하나이다. 우리가 깨어 있는 동안엔 반드시 일정한 리듬으로 일정량이 만들어지고, 이를 방출함으로써 뇌 전체에 지령이 전달된다. 이 활동은 태어나 죽을 때까지 일생 동안 계속된다. 그리고 이 물질은 모든 동물에게도 존재한다. 세로토닌이 만들어지는 부위에는 보행, 호흡, 저작 등 사는 데 필요한 기본적 운동을 담당하는 중추가 있어서 세로토닌은 생명과 직결이 되는 중요한 역할을 담당하고 있다. 해서 본능 호르몬이라는 별명이 있다. 세로토닌은 다른 뇌내 물질과 달리 태양 빛의 자극과 단순 리듬의 반복으로 그 분비량이 증가한다.

과학의 발달과 함께 세로토닌 연구도 다양해지면서 최근 연구에서는 초창기 알려진 세로토닌 기능보다 훨씬 다양하고 복잡한 기능이 있는 것으로 밝혀졌다.

자연의 리듬과 체내 리듬을 조절한다

자연은 대체로 하루 24시간의 주기에 맞춰 운행되고 있다. 인간도 수면과 각성, 식사 시간 등을 알리는 '체내 시계' 덕분에 체온이나 호르몬 등이 정상적인 리듬에 따라 기능함으로써 건강한 생활을 영위할 수 있다. 그런데 자연 리듬이 하루 24시간인 데 비해 체내 시계는 25시간 전후이다. 따라서 체내 시계대로 생활하다간 하루 1시간씩 느려지게 된다. 이를 조절하는 것이 바로 세로토닌이다.

세로토닌은 우리 눈으로 들어오는 태양광 자극에 따라 그 차이를 조절해준다. 우리가 지구 반대편으로 여행을 가면 시차 때문에 고생하는 이유도 자연 리듬과 체내 리듬에 하루 1시간의 차이가 있기 때문이다. 또한 시차 적응에 문제를 일으키는 건 운동 부족인데, 체내 시계를 난조에 빠트리는 요인 중 하나이기도 하다. 그리고 야간 근무, 24시간 편의점 등은 생활 리듬을 깨뜨리는 원흉이며 이러한 요인들이 쌓이면 엄청난 스트레스로 작용한다.

행복도 배워야 합니다

뇌내 오케스트라 지휘자 역할을 한다

　인간 뇌는 약 150억 개의 신경세포로 이뤄져 있는데, 세로토닌 신경은 불과 수만 개밖에 되지 않는다. 수적으로는 적지만 세로토닌 신경세포는 전 뇌에 분포되어 있어서 마치 오케스트라 지휘자처럼 전 뇌에 지령을 하달하여 전체적으로 통합된 기능을 할 수 있게 된다. 하나의 신경이 수만 개의 신경세포를 상대하기 때문에 섬세한 정보 전달은 무리이며 전체적인 균형과 조율을 하는 데 그친다. 세로토닌 신경이 바르게 기능하지 못하면 우리 마음이나 몸은 균형을 잃게 된다.

| 뇌내 물질의 지휘자 |

몸을 아이돌링 상태로!

"아침에 눈을 뜨면 머리가 상쾌한 기분이다. 의욕적이고 집중력이 좋아진다." 이런 기분일 때 세로토닌이 이상적인 기능을 잘 수행하고 있는 것으로 본다.

자기 전에 불을 끄고 어둡게 하면 세로토닌은 억제된다. 아침이 되어 창밖에 태양이 뜨고 햇빛이 들어오면 광자극이 망막을 통해 뇌에 전달되고, 뇌는 서서히 세로토닌을 분비하기 시작한다. 그렇게 되면 자연히 눈이 떠지고 망막으로부터 직접 태양광 자극을 받음으로써 세로토닌이 활발히 분비되어 몸이 일어날 운동을 준비한다. 그에 따라 머리도 사고하고 주의집중력이 높아진다. 이때 세로토닌은 자율신경을 조절, 휴식 상태의 부교감을 활동 상태의 교감으로 전환한다.

자동차에 비유하면 시동이 걸리고 예열하는 상태가 되는 것이다. 엔진이 따뜻해지고 출동할 준비를 한다. 그리하여 부드럽게 낮 동안의 활동 상태로 옮겨간다.

행복도 배워야 합니다

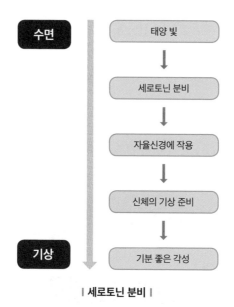

수면

태양 빛

↓

세로토닌 분비

↓

자율신경에 작용

↓

신체의 기상 준비

↓

기상

기분 좋은 각성

| 세로토닌 분비 |

뇌를 냉철하게 각성시킨다

세로토닌 신경은 뇌 전체에 자극, 조화, 균형을 조절하지만, 특히 인간 뇌인 신피질에의 작용이 특이하다. 한마디로 세로토닌 신경은 대뇌피질의 기능을 살짝 억제하면서도 아주 산뜻한 각성 상태로 만든다. 어떻게 이럴 수가? 억제와 각성을 동시에 한다는 게 잘 안 믿기겠지만, 이게 신피질에서의 세로토닌의 특이한 기능이다. 우선 세로토닌 신경은 언어와 지능을 담당하는 대뇌 신피질의 활동을 적절하게 억제함으로써 마음을 편안하게 한다. 그러면서도 주의집중력을 높여준다. 이걸 '냉철한 각성 상태'라 부른다. 스님들이 말하는 성성적적惺惺寂寂의 경지다. 깨어 있으나 신피질의 잔잔한 걱정거리와 스트레스 등을 살짝 억제함으로써 마음이 편안해진다. 이럴 땐 공부도 잘되기 때문에 일명 공부 호르몬이란 별명도 있다.

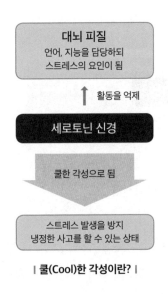

대뇌 피질
언어, 지능을 담당하되
스트레스의 요인이 됨

↑ 활동을 억제

세로토닌 신경

쿨한 각성으로 됨

스트레스 발생을 방지
냉정한 사고를 할 수 있는 상태

| 쿨(Cool)한 각성이란? |

자율신경에도 영향

우리 몸의 팔 다리에 분포된 체신경은 내 의지대로 움직일 수 있다. 그러나 주로 생명과 직결되는 자율신경은 우리 명령대로 되지 않고 자기 스스로의 리듬에 의해 자율적으로 움직인다. 활동할 때는 교감이, 휴식, 수면 때는 부교감이 교대로 우위가 된다. 활동 시에는 교감 대 부교감신경이 65 대 35 정도로 균형 잡힌 상태이지만, 바쁜 한국인은 교감이 훨씬 높아져 80 대 20까지도 된다. 이런 상태가 바로 스트레스이며 오래가면 여러 가지 생활습관 병이 생긴다. 자율신경 조율도 체내 환경을 일정하게 유지하기 위해 영향을 미치는 게 세로토닌이다. 세로토닌 신경을 강화하면 자율신경의 조절 균형에도 큰 역할을 할 수 있다.

스트레스에 강한 몸으로 만든다

우리에게 가장 큰 스트레스라면 통증이다. 통증을 덜어주고 잘 견디게 해주는 게 세로토닌이다. 세로토닌이 튼튼하면 스트레스에 강한 체질이 되어 통증 조절은 물론이고 기분 나쁜 일이 있거나 자존심 상하는 일, 피로가 쌓이는 일이 있을 때 이를 경감시켜주는 데 큰 역할을 한다. 기분이 좋을 때는 아픔도 덜하다. 연애할 때는 배고픔도 추위도 모른다. 마음뿐만 아니라 몸의 구조도 세로토닌 신경이 튼튼하면 한결 견뎌내기가 쉬워진다.

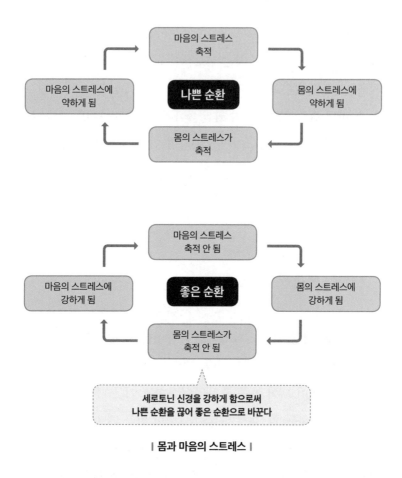

| 몸과 마음의 스트레스 |

항중력근에 작용한다

우리는 무거운 중력을 견디며 살고 있다. 그런데도 우리 자세가
반듯하고 허리가 꼿꼿하고 수족을 마음대로 움직일 수 있는 건 세

로토닌이 항중력근에 작용하여 잘 떠받쳐주기 때문이다. 그러나 세로토닌 신경이 약하면 입은 바보처럼 벌어져 있고 등은 고양이처럼 된다. 그런가 하면 얼굴에 표정이 없다. 세로토닌 신경이 약하면 우울증 환자나 노인처럼 된다. 세로토닌이 풍부하면 웃을 때 입가가 올라가고 눈가, 얼굴 전체가 생기발랄하다. 일명 미인 호르몬이라 이름 붙여진 배경이다.

심신을 젊게 한다

지금까지 설명으로 '세로토닌 신경이 활발하면 우리 마음과 몸이 젊어지겠구나' 하는 생각을 쉽게 할 수 있다. 운동해도 자세가 반듯하고 과격한 근육통도 없이 기분 좋게 운동을 계속할 수 있다. 다만 싫을 때까지 억지로 하지는 않는 게 좋다. 운동이 건강에 좋다는 건 새삼 설명이 필요 없다. 운동하면 몸뿐만 아니라 마음도 젊어진다. 운동 후의 사뿐하고 상쾌한 기분! 사실 운동은 뇌를 위해 하는 것이라고 해도 과언이 아니다. 세로토닌 신경 강화, 꾸준한 운동은 인지증 예방에도 큰 몫을 한다. 지금은 장수가 문제가 아니다. 건강 수명이 길어야 한다. 그리고 행복해야 한다. 이게 세로토닌 강화 운동으로 얻을 수 있는 참으로 귀중한 선물이다.

세로토닌이 약한 사람	세로토닌이 강한 사람
기분이 가라앉음	기분이 밝음
표정이 경직	표정이 풍부
걱정거리, 스트레스 축적	통각 및 스트레스 감소
자세가 나쁨	자세가 좋음
자율신경 부조화	자율신경 조화
관절 통증	몸이 잘 움직임

세로토닌 훈련을 함으로써
세로토닌 신경을 강하게 해야 몸과 마음이 젊어진다

| 심신의 젊음화 |

아픈 통각을 경감시켜 준다

세로토닌은 아픈 통각을 조절하는 기능이 있다. 우리가 아파 누워 있을 때라도 연인이 꽃을 들고 위문을 오면 한결 통증이 약해진다. 기분 나쁜 일이 있으면 아픔이 더하다. 이처럼 통각은 우리기분이나 마음 상태에 따라 그 심한 정도가 아주 달라진다. 평소에도 조금만 아파도 못 견디는 사람이 있다. 특히 울증이 있는 사람은 통각을 못 견뎌 한다. 이 모두가 세로토닌이 부족하기 때문이다. 통각만 심한 게 아니라 울증도 심해진다. 같은 수술을 받고도 진통제가 더 필요한 사람은 대체로 기분이 저조하거나 울증이 있는 사람이다.

조절력

강조하지만 세로토닌 기능에서 제일 현저하게 나타나는 것이 조절력이다. 노르아드레날린의 화난 공격성을 조절하는 것도 세로토닌이다. 도파민, 엔도르핀 등으로 너무 흥분한 상태를 가라앉혀 평상심을 유지하게 식혀준다. 정서적으로 안정되고 평상심을 유지할 때 공부도 잘된다. 세로토닌에 공부 호르몬이란 별명이 붙은 이유다. 잘 씹어먹으면 뇌간의 세로토닌을 직접 자극하여 식욕이 조절된다. 비만한 사람은 예외 없이 밥 먹는 속도가 빠르다. 다이어트 제1조가 잘 씹어 천천히 먹으라는 것이다. 수면 조절, 강박성을 조절하여 정신건강에 큰 공헌을 하고 있다.

세로토닌의 가장 큰 공헌이라면 뭐니 뭐니 해도 조절력이다. 가끔 사회를 깜짝 놀라게 하는 대형 사건들, 보복 운전, 묻지 마 살인, 우발적 방화 사건 등은 모두가 세로토닌 부족으로 조절력이 발동하지 않는 데서 비롯된다. 우리가 세로토닌을 국민운동으로 확산시켜야 하는 이유도 바로 여기 있다.

면역력 강화

우리 건강에 빼놓을 수 없는 게 면역력이다. 면역은 장에서 70%, 뇌에서 30% 만들어진다. 시상하부에는 생명을 관장하는 중요한 기구들이 모여 있다. 특히 ① 정신계 ② 신경계 ③ 호르몬 대사계 ④ 면역계 — 이상 4기구의 협동으로 이뤄진다. 이런 뇌의 기구들이 협동 기능하기 위해선 장이 건강한 상태가 되어야 한다. 그래야 세로토닌 생성에 필요한 전구물질을 만들어 뇌로 보낼 수 있다. 따라서 장과 뇌는 밀접한 연관을 갖고 있다. 이를 '장뇌상관'이라 부른다. 장도 뇌도 편안하고 건강한 상태가 되어야 세로토닌이 풍부해지고 면역력 증강에 절대적이다.

이상 세로토닌의 주요 기능들을 살펴보노라면 개인은 물론이고 사회도 안정을 되찾고 평화롭게 지낼 수 있게 해주는, 참으로 고맙고 중요한 물질이다.

행복도 배워야 합니다

세로토닌의 생성 과정

뇌 속 트립토판이 세로토닌으로 전환되려면 자극이 필요하다

세로토닌은 자연 그대로에서는 없고, 트립토판이라는 필수 아미노산을 원료로 만들어진다. 90% 이상이 장에서 만들어지며 5%는 혈액 속에, 그리고 3%만이 뇌에 있다. 이름도 화학 구조식도 같지만, 장과 뇌에 있는 세로토닌의 기능은 아주 달라 마치 다른 물질과 같다. 장의 세로토닌은 주로 장의 유동 운동에 관여하고 있다. 세로토닌의 전구체는 장에서 만들어진 뒤 혈관을 타고 뇌속으로 들어간다. 뇌는 BBBBlood-Brain Barrier라는 보호막으로 쌓여 있어서 세로토닌 전구체나 혈중 세로토닌 역시 뇌 속으로 들어가지 못한다. 트립토판이 뇌 속으로 들어가려면 포도당으로 코팅되어야 한다.

트립토판 함유 식물(食物)

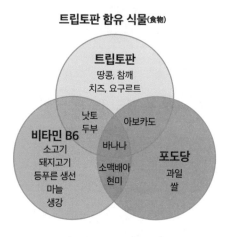

| 세로토닌 원료 |

　그림에서처럼 세로토닌을 만드는 데 관여하는 소재는 크게 세 가지로 나뉜다. 트립토판은 필수 아미노산이므로 반드시 외부에서 섭취해야 한다. 그러나 한국인의 보통 식사라면 특별히 따로 섭취할 필요 없이 충분한 양이다. 포도당도 코팅해야 BBB(뇌 속 관문)를 통과할 수 있는데, 이 역시 보통 식사로 충분하다.

　그러나 세로토닌 결핍 상태이거나 혹은 당분 다이어트를 위해서는 당분을 스낵 형식으로 많이 섭취해야 한다.

　비타민 B6는 세로토닌 합성에 촉매제 역할로서 중요하며 일반 식사로 충분하다. 주목해서 볼 것은 3개의 요소를 모두 함유한 그림 한복판에 있는 바나나이다. 바나나는 너무 흔해서 중요시하지 않는 식품이지만 세로토닌 합성에는 아주 긴요한 식재료다.

일단 뇌로 들어간 트립토판이 세로토닌으로 전환되려면 몇 가지 자극이 필요하다. ① 햇빛 ② 리듬 운동 ③ 스킨십 ④ 규칙적 식사 ⑤ 복근 심호흡 ⑥ 잘 씹기 등이 그것이다.

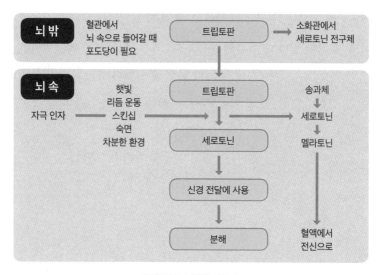

| 세로토닌 생성 과정 |

햇빛

눈을 뜨면 아침 햇빛이 눈부시다. 기분이 아주 사뿐하다. 햇빛에 의해 뇌 속에 세로토닌이 만들어지기 때문이다. 신선한 아침 태양을 받으며 20분만 걸어라. 기분 좋은 하루가 시작될 것이다. 골다공증, 비타민 D 부족 걱정은 안 해도 된다. 구름 낀 날, 비 오는 날 기분이 침울한 것도 햇빛이 없어 세로토닌을 만들 수 없기 때문이다. 그렇다고 해수욕장에서처럼 햇빛을 너무 오래 쬐는 것은 피로감을 줄 뿐더러 세로토닌도 오히려 억제된다. 집에 있는 전등 정도의 밝기로는 태양광 같은 효과를 기대할 순 없다. 요즘, 특히 여성들은 자외선 공포증에 걸린 사람이 많은데 아침 태양 20~30분 정도는 우리 한국인에겐 큰 문제 될 것이 없다. 우리는 백인종에 비해 멜라닌 색소를 많이 갖고 있기 때문이다. 태양빛이 부족한 북구에선 늦은 겨울이 되면 울증에 시달리는 사람이 많은데, 정신과에선 이를 계절성 울증Seasonal Affective Disorder이라고 부른다. 태양빛이 풍부한 우리나라의 젊은 여성 가운데도 이런 문제가 생기고 있다는 보고가 있다. 자외선 공포증 환자가 많다는 뜻이다.

리듬 운동

리듬 운동이란 일정한 간격으로 근육의 수축-이완을 반복하는 운동을 말한다. 인간은 생존을 위해 보행, 저작, 호흡을 하고 있는데 이 모두가 리듬 운동이다. 이런 리듬 운동으로 세로토닌 신경이 활성화된다. 단, 너무 복잡하거나 어려운 운동은 피하고 단순하고 따라하기 쉬운 운동이 좋다. 중요한 건 계속하는 것이다. 최저 3개월만 계속 운동하면 세로토닌 신경에 구조적 변화가 와서 계속적인 세로토닌 증가 운동이 될 수 있다.

원시인의 생활을 생각해보라. 농사도 짓기 전이니 채집을 하거나 수렵을 통해 먹거리를 얻을 수 있다. 차도 없으니 걸어야 한다. 냉장고가 없으니 채집해서 가져올 수도 없다. 더운 아프리카는 곧장 음식이 상한다. 점심 먹고 집에서 좀 쉬었다 저녁거리를 구하러 또 나가야 한다. 먹을 것이 많지도 않다. 소식다동이 인간의 본성이 되었다. 따라서 걷는 게 즐겁도록 유전자에 설계되어 있는데 차가 생활화되면서 한 블록도 걷지 않는다. 건강이 지켜질 리가 없다.

스킨십, 그루밍

다정한 사람끼리 악수, 어깨동무, 포옹하는 등의 스킨십은 세로토닌 분비에 아주 효과적이다. 함께 모여 앉아 나누는 즐거운 담소도 마찬가지다. 인간에겐 이와 같이 군집 욕구가 3대 본능 중 하나로 간주되고 있다. 함께하는 즐거운 식사, 담소 등 스킨십과 그루밍은 빼놓을 수 없는 즐거움이다. 이게 충족되지 않으면 자살할 수도 있다. 지독한 고독감에 시달릴 때 인간은 죽음을 생각한다. 그만큼 군집 욕구가 강력한 것이다. 왕따 당하는 아이들의 자살도 군집 욕구가 충족되지 못해 소외감에 시달리기 때문이다.

규칙적 식사

식사는 몸뿐 아니라 뇌의 연료이다. 뇌는 우리 몸의 2%밖에 안 되지만, 에너지의 20%를 소비해야 하는 대식가이다. 인간의 몸은 단백질, 지질, 당류를 에너지원으로 하고 있지만 뇌는 오직 한 가지 당류만 사용하는 특수 장기이다. 그러나 뇌에는 당을 보관하는 창고가 없으므로 필요할 때 필요한 만큼 계속 공급되어야 한다. 규칙적 식사를 해야 하는 이유다. 요즘은 별스런 다이어트가 나와 하루 한 끼로 때우는 사람도 있지만, 뇌 활동이라는 측면에선 권할 수 없다. 그리고 우리가 먹는 식사 중엔 세로토닌의 원료인 트립토판이라는 필수 아미노산을 비롯, 비타민 B6가 포함되어 있다. 트립토판은 체내에서 만들 수 없고 반드시 외부로부터 섭취해야 한다. 세로토닌 합성을 위한 중요한 자원이지만 특별히 따로 챙겨 먹을 건 없고 규칙적인 식사를 골고루 하는 것으로 충분하다.

복근 심호흡

인간의 몸에는 여러 가지 장기가 있지만 내가 의식적으로 조절할 수 있는 장기는 폐뿐이다. 폐를 의식적으로 컨트롤하여 호흡 컨트롤이 되고, 그렇게 함으로써 자율신경 컨트롤이 되어 세로토닌 신경을 강화할 수 있다.

일상생활에서 우리는 호흡을 의식하지 않는다. 그저 생존을 위해 산소를 흡입, 이산화탄소를 내뱉을 뿐이다. 이 생존을 위한 호흡은 세로토닌 신경과는 관계가 없다. 복근 호흡이어야 한다. 일반적으로 복식 호흡이란 배를 움직이는 호흡법으로, 횡경막 호흡법도 이에 포함된다. 복근 호흡은 횡경막이 아닌 복근을 움직이는 것이어서 혼란을 피하기 위해 복근 호흡이라 부른다. 일반적인 생존을 위한 호흡이나 복식 호흡은 흡기를 중심으로 하는 호흡이지만, 세로토닌을 위한 복근 호흡은 내쉬는 호기를 중시한다.

복근은 의식적으로 움직여야 되는 근육이다. 복근을 움직이려면 자연히 의식적인 운동을 하게 된다. 내쉬는 지령은 대뇌피질에서 한다. 세로토닌 신경 활성화에는 전술하다시피 반드시 의식적인 운동을 행해야 한다. 고로 의식적으로 복근을 움직이는 복근 호흡은 세로토닌 단련에 필수 조건이다.

하복부(단전)에 의식을 집중하고 복근을 조이면 폐 안의 공기가 다 빠져나간다. 입을 작게 열어 천천히 부드럽게, 길게 내쉰다. 하복부가 등에 닿는 기분으로 한다. 이때는 부교감 우위가 되어 마음이 편안해진다. 흡기는 호기가 끝나면 절로 된다. 이때는 코로 천천히 부드럽게 한다. 일상 호흡은 1분에 12회 정도지만, 복근 호흡은 3~4회로 된다.

잘 씹어 먹기

음식을 입에 넣고 씹는 리드미컬한 저작은 치아 바로 위에 있는 뇌간을 자극함으로써 세로토닌이 분비된다. 즐거운 분위기가 되어 식욕 조절도 절로 된다. 힐리언스 선마을에는 식탁마다 30분 모래시계가 놓여 있다. 한 입에 30회 씹고 한 끼 30분 동안 드십시오, 하는 권유다. 잘 씹어 먹어야 침과 반죽이 되어 소화가 잘된다. 침 속에는 항암제, 살균제, 면역제 등 건강에 필요한 모든 것들이 녹아 있다.

비만한 사람은 예외 없이 밥 먹는 속도가 빠르다. 잘 씹지도 않는다. 그냥 넘기는 것 같다. 한 끼 식사에 10분이 채 안 걸린다. 이런 사람을 위해 선마을에선 아침 식사에 견과류 등이 포함된 뮤즐리müesli를 권하고 있다. 여문 게 있어야 잘 씹게 되기 때문이다. 밥을 빨리 먹었으면 껌을 씹는 것도 좋은 방법이다.

세로토닌의 분비 과정

세로토닌은 뇌의 봉선핵에서 만들어져 뇌 전체로 운반된다. 세로토닌 신경의 축색에 임펄스Impulse가 흐르면 신경 말단 속에 있는 시냅스Synapse 소포로부터 방출된다. 이것이 수용체에 결합하여 세로토닌이 다음 신경세포에 자극으로 전달되고 같은 일이 다음의 신경세포에 차례로 도미노처럼 전달된다. 임펄스 간격은 일정하지만 신경종단에 있는 자기 수용체에 의해 적당량이 존재하도록 조절된다.

이때 세로토닌이 부족하면 수용체 자극이 부족한 것으로 인식하여 더 많은 세로토닌을 받아들이기 위해 수용체를 증가시킨다. 세로토닌이 부족하면 수용체가 증가할 수밖에 없다. 세로토닌 부족으로 인한 우울증 환자에게 세로토닌 수용체가 많은 건 이 때문이다.

세로토닌이 증가하면

세로토닌 훈련을 잘하여 정상으로 되면 세로토닌을 많이 만들게 된다. 이것이 세로토닌 신경이 강화되는 기전이다. 세로토닌이 충분하면 자기 수용기가 줄어든다. 한편 세로토닌의 자극이 강하기 때문에 임펄스는 빠르고 강해지며 세로토닌을 많이 만든다. 이처럼 많은 세로토닌이 만들어져 수용체 수가 적은 상태를 세로토닌 신경이 강해졌다고 한다.

자연적인 훈련으로 세로토닌이 넘쳐나는 일은 없다. 다만 약이나 보충제를 쓰면 넘쳐나 세로토닌 증후군을 만들 수 있다. 즉 정신 신경계 상태의 변화, 초조함, 과잉 발한, 오한, 떨림, 설사, 협조운동장애, 발열 등의 증상이 나타난다.

★ 세로토닌의 리사이클

세포 간에 너무 많은 세로토닌이 분출되면 시냅스가 이를 재흡수하여 원래의 신경(전신경) 종말로 돌려보낸다. 세로토닌 양이 워낙 적어서 절약하는 의미로 재흡수가 일어난다. MAO(모노아민 산화효소)가 신경 종말에 있는데, 2할 정도의 세로토닌을 산화시켜 못 쓰게 만든다. 이렇게 보면 세로토닌은 수용체, 자기 수용기, 재흡수 펌프, MAO 등 네 가지가 그 양을 조절하고 있다.

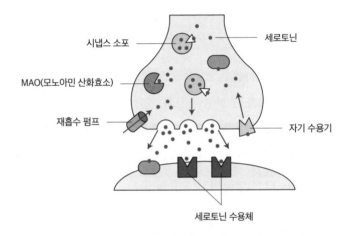

신경 종말에서 방출된 세로토닌은 재흡수 펌프에 의해 전, 종말로 돌아간다. 종말 내에선 MAO가 세로토닌을 대사한다.

| 세로토닌 재흡수 펌프와 MAO |

세로토닌을 활성화하려면

세로토닌은 자연 상태에선 넘치는 법이 없다. 문제는 부족한 데서 온다. 세로토닌을 활성화하기 위해선 몇 가지 방법이 있다.

세로토닌 재흡수 억제제(SSRI)

이 약을 쓰면 세로토닌이 활성화되어 결핍증 치료에 도움이 되는데, 환자들이 정신과를 찾지도 않거니와 와도 처방대로 잘 따르지 않는다. 세로토닌 재흡수 억제제SSRI를 복용하면 가벼운 부작용도 있다. 목이 마르고 손발이 떨리고 여자는 체중이 늘 수도 있고 남자는 정력이 떨어지기도 한다. 그리고 울증 치료를 위해 일단 복용을 시작하면 9개월간 복용해야 한다. 이런 부작용을 견뎌내기가 어렵지는 않은데, 한국 환자들은 제멋대로 하는 기질이 있어서 약물 치료가 쉽지 않다.

울증이 감기만큼 흔하다는 게 결코 과장이 아니다. 울증은 지금 세계를 석권하는 질병 중 하나로서 3억 5천만의 환자가 앓고 있다. WHO 추계에 의하면 2020년부터 울증 의료비가 심장질환 의료비를 상회할 것이라고 한다. 30년도 전에 SSRI가 개발되어 울증, 불안장애, 공황장애 등에 사용되었으며 증상의 호전 및 치료가 된다고 생각하기에 이르렀다. 드디어 2005년 항울제가 미국에서 처방된 약의 1위로 올라섰다. 결론부터 말하자면 항울약만으로 울증은 낫지 않는다. 좀 난해하지만 SSRI의 작용기전을 살펴보자(p.82 그림 참조).

세로토닌은 워낙 귀한 물질이어서 시냅스 소포에서 터져 나와 두 세포 간에 유리될 때 이를 다시 재흡수하여 원래의 신경세포로 돌려보낸다. 세로토닌 부족으로 울증이 발병했으니 이를 많이 분비하여 다음 신경으로 보내야 하는데, 세포 간에 유리된 세로토닌을 다시 재흡수하여 돌려보내면 다음 신경으로 전달될 세로토닌의 양이 적어진다. SSRI는 이때 재흡수되는 것을 방해함으로써 세포 간 세로토닌이 많이 존재하도록 돕는다. 그래야 다음 신경(후신경)으로 전달되는 세로토닌 양을 많게 할 수 있다. 이런 기전이 잘 발휘되면 울증의 일시적 효과가 생긴다.

그러나 근본적 치료는 될 수 없다. SSRI는 뇌내 세로토닌을 증량하는 게 아니고 증상 호전에 도움을 주는 최저한의 작용밖에 하지 않는다. 병을 근본적으로 낫게 하자, 근본 원인을 개선하자, 약 복용 없이 치료하자는 등의 근본 대책은 없다. 임상 정신과 의사로서 슬프기도 하다. 천문학적 치료비를 쓰면서 어찌 이럴 수가.

일상생활을 통한 자연적인 방법

규칙적인 식사를 한다

규칙적인 식사는 대단히 중요한 세로토닌 기법이다. 일상적인 식사는 포도당, 필수 아미노산인 트립토판, 비타민 B6 등 세로토닌 원료가 되는 물질이 골고루 포함되어 있기 때문에 특별히 따로 챙겨먹어야 할 것 없이 일반 식사를 규칙적으로 하는 것만으로 충분하다. 단, 잘 씹어 먹어야 한다. 침보다 강력한 소화제는 없다. 천천히 씹어 먹으면 저작 운동이 바로 위에 있는 봉선핵을 자극함으로써 세로토닌이 분비되고 이것이 식욕을 조절한다. 천천히 즐거운 대화를 나누며 먹는 것이 세로토닌 식사이며, 부교감 우위의 즐거운 식탁이다. 한입에 30회 씹으면 뇌간의 세로토닌 신경을 자극하여 세로토닌이 분비돼 식욕 조절을 한다. 부교감 우위가 되면서 식탁이 밝은 분위기로 변한다. 한 끼에 30분 걸려 먹기를 권한다.

TV, 신문, 인터넷 등을 보면서 하는 식사는 자칫 교감신경을 자극할 수도 있으므로 '……하면서' 하는 식사는 지양하는 것이 좋다. 하루 한 끼 등 극단적인 식사 제한법도 있지만, 당신이 뇌를 쓰는 작업을 하는 사람이라면 하루 세 끼 규칙적으로 당을 공급해야 한다. 뇌에는 당분 저장 창고가 없으므로 일정량을 규칙적으로 공급해줘야 한다.

뇌 속 트립토판이 세로토닌으로 전환되는 데 필요한 3대 자극은 의식적으로 노력할 필요가 있다. 우리 일상생활만으로는 세로토닌 생성에 필요한 충분한 양을 얻지 못한다.

햇빛을 받으며 하루에 20분 산책한다

구름이 낀 날, 비가 오는 날에 기분이 침울한 것은 각성 호르몬인 세로토닌이 만들어지지 않기 때문이다. 북유럽에선 겨울철 햇빛이 특히 귀해서 이른 봄날에 소위 계절성 우울증SAD:Seasonal Affective Disorder이 많이 발생한다. 최근 우리나라에도 젊은 여성층들이 자외선 공포로 인한 태양광 부족으로 SAD를 앓고 있다는 보고가 있다. 직사광선을 그대로 맞으라는 소리는 아니다. 하루 한두 시간 정도 간접 광선 아래서 생활해야 한다. 아침에 일어나 창문을 여는 습관은 우리 조상의 세로토닌 증가법이다.

신선한 아침 태양을 받으며 20분만 산책하라. 음이온이 지구 표면에 가득할 때, 그리고 어느 때보다 공기가 맑을 때 산책하면 정말 기분 좋은 하루가 시작된다. 여자들은 특히 비타민 D, 칼슘 부족으로 인한 골다공증을 걱정하지 않아도 된다. 이 습관 하나만으로 밝고 건강한 심신을 만들 수 있다.

리듬 운동을 한다

무슨 운동이든 좋다. 단, 싫증이 나도록 과한 운동은 금물이다. 기분 좋게 해야 한다. 특히 율동적인 운동이 세로토닌 생성에 아주 효과적인 것으로 알려져 있다. 세로토닌 신경이 봉선핵에 있고 그 주위엔 생명 활동과 직결되는 중추가 많다. 먹는 것, 저작 운동, 호흡 운동, 걷는 것…… 생명과 직결되는 운동이 뇌간에 집중되어 있다.

어떤 운동이든 리듬감을 살리면 모두가 훌륭한 세로토닌 활성 기법이 된다. 그중에서도 가장 쉽고 효과적이며 큰 노력 없이 절로 되는 운동이 있다. 바로 걷는 것이다. 걷는 것이야말로 동물의 기본적인 운동이다. 식당에 가든 수렵을 하든 일단 걸어야 한다. 세로토닌 강화를 위해 의식적으로 하는 걸음은 뒤에 나올 세로토닌 워킹을 참고하기 바란다. 조깅하듯 하되 걷는 스피드로 하는 조킹(Jogging + Walking)도 효과적인 세로토닌 운동이다. 옛날 우리 할머니들이 그 어려운 시집살이를 해낼 수 있었던 것은 빨래, 다리미질, 농사일 등이 모두 리드미컬한 운동이 되어 세로토닌 분출을 도와 힐링이 잘 되었던 덕으로 생각된다.

현재 우리 생활을 돌아보라. 세로토닌 결핍 진단이 절로 된다.

스킨십, 그루밍

아기를 안고 수유하는 엄마를 보라. 그보다 더 편안하고 행복에 겨운 얼굴은 없다. 반가운 사람을 만나면 포옹, 악수, 어깨동무, 좋은 사람들끼리 함께하는 식사, 수다 등 모두가 인간의 군집 본능을 충족시켜주는 행위다.

우리는 이럴 때 세로토닌의 세례를 받게 된다. 안타깝게도 요즘은 독신이 많아서 걱정이다. 인간은 사회적 동물이기 때문에 혼자서는 못 산다. 군집 욕구가 충족되지 않으면 자살까지 하게 된다. 세상에 나 혼자이다. 누구도 필요 없다. 가족도 친구도 하느님도 필요 없을 때 인간은 이런 절박한 순간에 자살이라는 극단적 행동을 저지르게 된다. 현대 사회가 불행히 '혼자의 시대'로 접어들고 있다.

감사한다

감사를 주고받는 동안 우리 마음은 그지없이 편안하고 행복하다. 온몸에 은혜로움이 넘친다. 감사하는 동안은 우리 몸에 근본적인 변화가 일어난다. 감사하면 물 분자가 정화되어 정육각형의 아름답고 깨끗한 물로 변한다. 물은 우리 몸의 70%를 이루고 있어 각 세포 또한 70%가 물로 되어 있다. 물이 변한다는 건 우리 몸의 기본 구조가 근본적으로 정화된다는 뜻이다.

같은 물컵에 한쪽은 감사, 다른 쪽은 바보라고 써붙였다. 감사

쪽은 물 분자가 완전한 정육각형의 맑은 물로, 바보 쪽은 흐릿하고 더러운 물로 바뀌었다.

밝은 미소, 고운 말씨를 사용한다

기분이 나쁠 때는 누구나 우거지상이 된다. 하지만 이런 얼굴은 누구에게도 도움이 안 된다. 주위 사람까지 기분 나쁘게 만드는 공해公害다. 무엇보다 자신에게 엄청난 해악을 끼친다는 건 독자들도 알고 있을 것이다. 이때 의식적으로 살짝 미소를 짓도록 해보자. 입 양쪽 끝을 살짝 올리는 것만으로도 당신의 인상은 아주 달라진다. 뇌에도 어두운 그림자가 걷히고 순간 밝은 모드로 바뀐다. 이걸 심신心身의 양방향성이라 부른다.

또 한 가지 중요한 연쇄 반응은 말씨다. 기분이 나쁘거나 성이 나면 말씨가 거칠어진다. 이때 가벼운 미소를 짓기만 하면 이런 공격적 회로가 사라지고 얌전한 회로가 새로 생겨난다. 말씨도 한결 고와진다. 우리 뇌는 주어를 인식하지 못한다. 때문에 주어가 누구든 나쁜 말을 들으면 즉각 상응하는 감정 반응이 일어나게 된다. 아예 나쁜 말은 떠올리지도 말아야 한다. 생각만 해도 안 된다.

밝은 인사, 밝은 미소, 고운 말씨는 당신 인격의 척도다. 호흡도 고와지고 온몸에 긴장이 풀려 한결 편하게 된다. 공격적인 노르아드레날린에서 전형적인 세로토닌 상태가 된다.

멜라토닌 생성

세로토닌을 원료로 수면 호르몬 멜라토닌이 생성된다. 저녁 식사 후 가벼운 산책은 세로토닌 분비를 촉진하여 멜라토닌을 분비함으로써 잠이 잘 온다. 잠이 안 올 때 따뜻한 우유를 마시는 사람도 있는데, 이 역시 세로토닌 생성으로 멜라토닌을 얻으려는 기법이다.

이상 대표적인 세로토닌 활성 기법을 적었지만, 세로토닌의 기능을 알고 나면 그 활성 기법은 우리 생활 중에 절로 습득하게 된다. 혼자 조용한 환경에서 쉬는 시간도 우리 심신은 그지없이 편안하고 행복하다. 창조적인 일을 하거나 독서 삼매경에 빠지는 일, 명상, 각자 뇌가 좋아하는 일, 즐거운 일, 봉사 활동…… 하고 나면 마음이 편안한 모든 일은 세로토닌 활성 기법이 된다.

끝으로 세로토닌을 중심으로 한 감성지수 측정을 해볼 차례다. 이 모두가 훌륭한 세로토닌 활성 기법이 될 수도 있다.

행복도 배워야 합니다

감성적 기법

• 감성적 생활

당신은 지난 한 해 동안 다음 일을 얼마나 자주 했나요?

	내용	거의 없다	한두 차례	세 번 이상
1	시내 투어버스를 타본 적이?			
2	재래시장을 가본 적이?			
3	새벽길을 일부러 걸어본 적이?			
4	아침에 눈을 뜨면 가슴 설레는 일이?			
5	자전거를 타본 적이?			
6	공연 관람 후 커피숍, 맥줏집에 가본 적이?			
7	서커스를 본 적이?			
8	심야 극장을 가본 적이?			
9	즐거운 산보를 일부러 해본 적이?			
10	나만의 멋에 취할 수 있는 곳에 가본 적이?			
11	아무에게나 웃어본 적이?			
12	공원 벤치에 앉아 커피나 도시락을 먹은 적이?			
13	낯선 여자에게 "아름답다"고 말해본 적이?			
14	계절의 아취를 가슴 가득 느껴본 적이?			
15	저녁노을을 보러 산, 바다에 가본 적이?			
16	오랜만에 만난 이성에게 허깅해본 적이?			
17	하늘에 떠가는 구름을 바라본 적이?			
18	낯선 지하철역에 일부러 내려본 적이?			

	내용	거의 없다	한두 차례	세 번 이상
19	출·퇴근 코스를 일부러 바꿔본 적이?			
20	자연에 취해 무아지경에 빠져본 적이?			
21	Power dressing(멋내기 의상)을 해본 적이?			
22	삶에의 사색을 하는 일이?			
23	꽃을 산 적이?			
24	산이나 숲을 찾은 일이?			
25	국내외 역사 유적 등 문화 기행을 해본 적이?			
26	직업과 관련 없는 독서나 강연에 간 일이?			
27	"멋진 인생이다!" 입에서 절로 나온 적이?			
28	풀벌레 울음에 숨죽여본 적이?			
29	일부러 비 맞고 걸어본 적이?			
30	벅찬 감동에 울어본 적이?			
31	들판을 끝없이 걸어본 적이?			
32	맨발로 걸어본 적이?			
33	그때 그곳으로 추억 나들이를 한 적이?			
34	모닥불에 밤을 지새우다시피 한 적이?			
35	계획 없던 여행을 훌쩍 떠나본 적이?			
36	꽃, 나무와 대화해본 적이?			
37	바람 부는 언덕에 가슴을 열고 서본 적이?			
38	과수원, 원두막에서 과일을 먹어본 적이?			
39	무작정 시골 버스, 완행열차를 타본 적이?			
40	달그림자를 밟고 걸어본 적이?			
		각 0점	각 1점	각 2점

행복도 배워야 합니다

채점 및 평가	
0~10점	왜 사는가?
10~20점	숨이 막힙니다.
20~30점	따분합니다.
30~40점	좀 더 악센트를 주세요.
40~50점	부럽습니다.
50~60점	멋진 인생입니다.
70~80점	시를 써보세요.
80~90점	회사 괜찮아요?

점수가 높을수록 감성지수가 높고 따라서 세로토닌 지수도 높다. 선마을 방문객을 상대로 한 연구에서는 이 지수가 남성 30, 여성 38이었다. 이게 높다고 꼭 좋은 것만은 아니다. 감성지수가 너무 높아도 회사 업무는 뒷전, 벚꽃에 취해버린다면 회사는 어떻게 되겠나?

세로토닌 행복의 문

조용한 방, 10명 내외가 모여 진행한다. 한 세션에 30분에서 1시간이 적당하다. 다음 표에 적힌 아이템 외에도 세로토닌 기법에 좋은 것이라면 더 추가해도 좋고, 그룹의 성격에 따라 적절치 않은 것은 생략해도 좋다. 전체적인 분위기가 즐겁기만 하면 된다.

❶ 미소 짓기: 일부러라도 웃으면 웃음의 뇌 회로가 작동한다.

　⋯ 즐거운 기분 조성

❷ 반갑게 인사, 악수한다.

　⋯ 인간의 기본 예절, 친밀감 상승

❸ 박수: 성내면서 박수 치는 사람은 없다.

　⋯ 박수 치면 즐겁고 웃음이 남

❹ 걷기: 걷는 게 즐겁도록 DNA에 설계되어 있다.

　⋯ 인간의 본성

❺ 세로토닌 조킹(조깅+워킹)을 한다.

　⋯ 조깅하듯, 걷는 스피드로 발 앞부분 먼저 착지

　⋯ 종아리가 뻐근해지고, 기분이 좋아짐

❻ 드럼(북) 치기/드럼(북) 소리 듣기: 스트레스 해소, 전신 운동, 정서 안정에 좋다.

　⋯ 규칙적인 리듬 운동으로 세로토닌 호르몬 분비

❼ 라인댄스 강강술래: 원을 지어 손잡고 함께 리드미컬 댄스를 춘다.

　⋯ 친밀감 상승, 기분 고양, 흥분

❽ 서로 마사지해 준다.

　⋯ 가볍게 어깨를 주무르고 두들기고 힐링 터치healing touch

❾ "감사합니다": 함께한 시간, 서로에게 감사한다.

　⋯ 평화, 은혜, 친밀

❿ 악수, 허깅한다.

　⋯ 스킨십은 인간의 본성, 군집욕 충족

⓫ 심호흡+복근 운동을 한다.

　⋯ 정서 안정, 평화, 기분이 좋아짐

행복도 배워야 합니다

뇌가 아니라 장을 보자

누가 항울제SSRI 처방에 익숙한 의사에게 울증은 무엇이냐고 물으면 대답은 뻔하다. '뇌 속의 화학물질 균형이 깨진 것.' 이게 선진국 미국의 현실이다. 하지만 이건 잘못된 처방이다. 무슨 병이든 약을 처방하는 게 지극히 당연한 것으로 알기 때문이다. 그리고 또 한 가지 걱정은 이 약을 주로 처방하는 의사는 정신과 전문의가 아닌 일반의란 사실이다.

내가 세로토닌 문화 운동을 펼치고 있는 이유가 여기 있다. SSRI는 옳은 해결책이 아니다. 우리는 정신 질환의 원인을 규명하는 데 보다 넓은 시각으로 전인적 접근을 해야 한다. 최근 발달된 의학은 뇌와 장의 상관(장뇌상관)관계를 잘 살펴봐야 한다.

뇌의 병은 장내 세균총(플로라)에 크게 영향을 받는다. 실제로 세로토닌의 전구물질은 장내 세균이 조절하고 있다. 세로토닌의 전신인 트립토판도 장내 세균에 의해 컨트롤되고 있으며, 현재 특수한 세균이 이 과정을 조절하고 있다는 게 밝혀졌다. 특히 주목받고 있는 것은 장의 기능부전과 뇌의 관계다. 혈중 염증 마커(몸의 면역계가 경계태세에 있다는 표시)와 울증 리스크의 관계를 나타내는 연구에 의하면 염증 수준이 높을수록 울증 리스크가 높고 증상도 중증으로 나타난다. 결론적으로 울증도 파킨슨 병, 인지장애 등과 마찬가지로 염증성 질환임이 밝혀진 것이다. 따라서 현재의

항울약의 진짜 기전은 세로토닌과는 전혀 관계가 없고 염증 경감에 주력하고 있다. 항울약으로 불을 끌 순 없다. 현대 울증이 급증하는 이유는 운동 부족, 오메가6 지방산의 과다, 오메가3의 부족, 혈당지수Glycemic index가 높은 음식으로 인한 혈당치 증가와 염증 유발에 있다.

얼마 전만 해도 당뇨병과 울증 리스크가 관계가 있다는 것은 누구도 상상하지 못했다. 당뇨병 환자의 울증 발병 확률은 건강한 사람보다 30%가 더 높다. 비만 역시 염증 마커 증가와 관계가 있다.

건강한 장내 세균

감정적, 신체적으로 우리 건강에 관한 모든 건 마이크로바이옴Microbiome 상태가 결정한다. 고로 무엇을 먹느냐가 중요하다. 세균은 지구상 모든 생명의 기반이요, 세균이 없으면 어떤 생물도 절대 살아갈 수 없다.

펄뮤터 박사Dr. David Perlmutter의 식사 요법 기본 5항을 요약하면 아래와 같다.

① 프로바이오틱스
② 프리바이오틱스
③ 저탄수화물
④ 글루텐프리

⑤ 몸에 좋은 지방

본론으로 들어가기 전, 장내 플로라의 기능을 요약한다.

★ 장내 플로라의 기능

① 영양분의 소화, 흡수
② 유해균의 침입－자연적 방어선 구축
③ '해독기제'로서 기능
④ 면역계의 반응에 좋은 영향
⑤ 체내 중요한 효소나 물질, 비타민, 신경전달물질 등 '뇌에 필요한 물질'을 생성 → 방출
⑥ 내분비선의 시스템에 작용, 스트레스를 줄이는 기능
⑦ 양질의 수면
⑧ 여러 가지 만성 질환을 야기하는 염증이 생기는 경로를 제어

프로바이오틱스가 풍부한 식재 – 발효 식품은 모두!

발효란 당 등의 탄수화물이 알코올과 이산화탄소나 유기산으로 변하는 대사 과정이다. 이 과정에는 효모나 세균이 필요한데, 발효는 이 세균이 산소를 잃은 상태에서 일어난다. 효모는 당을 이산화탄소로 변환하여 이 작용이 빵을 부풀게 한다.

식품의 많은 것을 프로바이오틱스로 바꾸는 발효가 식품의 당분자를 유산으로 변환하면서 증식한다. 그렇게 된 유산은 낮은

pH 환경을 만들어 pH 수치가 높은(알칼리성) 유해한 세균을 사멸시킨다. 발효 식품은 병원균 침입으로부터 우리를 지켜준다.

프리바이오틱스
① 비소화성이어야 한다. 위산이나 효소에 분해돼선 안 되고 강력한 산성의 위를 무사히 통과해야 한다.
② 장내 세균이 발효 또는 대사되는 것이어야 한다.
③ 그 작용들이 건강에 유익해야 한다.
　　－마늘, 양파, 서양파 등.
　　－염증성 질환을 경감 → 심혈관 질환 낮아진다.
　　－만복감, 포만감을 촉진 → 비만 방지 → 그렐린 분비 감소.
　　－매일 12gm 추천.

탄수화물을 줄이고 양질의 지방을 섭취
　우리 조상은 야생 동물, 계절 채소, 가끔 과일을 식료로 사용했다. 그러나 현대인의 식생활은 곡물과 탄수화물 중심이다. 이 중 상당수의 식품이 장을 파괴하고 장내 세균총을 손상시키며, 드디어 뇌에까지 영향을 주는 글루텐이 포함된다. 한마디로 곡물이나 탄수화물의 과잉섭취는 독이다. 혈당을 올리기 때문이다. 좀 더 구체적으로 고지방, 고섬유, 저탄수화물의 식사가 저지방, 저섬유, 고탄수화물의 식사로 바뀜에 따라 뇌에 만성 질환을 일으킨다.

당질이 많고 섬유질이 적은 식생활은 유해균에 먹이를 주고 이것이 장관의 투과성을 증대해 미토콘드리아에 손상을 끼치며 면역계를 약화시켜 염증을 확대해 뇌에 도달한다. — 콜레스테롤 수치와 인지 능력과의 상관관계를 연구한 보고에 의하면 (보스턴 대학교) 기억력, 학습 능력, 개념 형성 능력, 집중력, 주의력, 추상적 사고능력, 체계적 사고력 등은 콜레스테롤이 높을수록 높고 낮을수록 낮다. 그 후의 연구에는 심장 발작의 주된 원인인 관동맥질환은 높은 콜레스테롤이 아니고 염증이 관여하고 있다고 보고했다. 콜레스테롤은 세포막을 구성하는 기초이며 항산화작용, 비타민 D, 스테로이드 관련 호르몬 등의 전구체이다. 혈당치를 균형 있게 하는 식사는 장내 세균의 균형이 된다.

> **···› 마이크로바이옴을 건전하게 하는 식품을 고르는 원칙**
> 가급적 유기농, 유전자 교환 안 된 것, 글루텐 함유 안 된 것, 항생물질 안 쓴 것, 방목된 가축, 자연산 어류로 고른다.

와인, 홍차, 커피, 초콜릿을 즐긴다

여기에는 장내 세균의 건강을 지탱하는 최고의 천연약이 포함되어 있다. 식물은 외적의 공격으로부터 자기를 보호하기 위해 항산화 물질인 폴리페놀의 일종, 프라보놀을 생성한다. 이것은 인간의 먹거리에 풍부하게 포함된 강력한 항산화 물질이다.

계절에 따라 단식한다

기아 때 지방을 변환해서 생명 유지의 연료로 쓴다. 특히 미토콘드리아의 기능을 높이는 효과 외에 장내 세균을 바꾸어 건강에 큰 효과를 준다.

행복도 배워야 합니다

세로토닌 파워 다이어트

MIT에서의 우연한 발견

유명한 MIT에서 워트먼Wurtman 연구팀이 세로토닌의 대사과정에 관한 연구를 진행하던 어느 날, 우연히 아주 놀라운 발견을 하게 된다. 실험용 쥐에게 탄수화물을 주었더니 세로토닌 생성이 늘어났다는 사실을 발견한 것이다. 이건 정말 생각지도 못한 의외의 일이었다. 모두 깜짝 놀랐다. 이 결과가 1972년 〈사이언스〉지에 발표되면서 다이어트 연구가들에겐 큰 낭보가 되었다. 트립토판을 투여하면 세로토닌 생성이 증가한다는 건 일찍이 잘 알려졌다.

이것은 아미노산의 일종으로 단백질 합성에 크게 관여한다. 따라서 단백질 함유 음식 즉, 스테이크, 어류, 닭, 달걀 등에서 발견된다. 그러나 트립토판은 탄수화물 식품에선 발견되지 않는다. 그 보고 이후 많은 연구소에서 연구 보고가 이어졌다. 실험용 쥐에게 단백질을 많이 준다고 세로토닌 생성이 증가하는 것은 아니며, 탄수화물과 단백질을 함께 투여해도 생성이 증가하지 않았다. 단백질 섭취는 세로토닌 형성을 방해하는 게 아닌가 하는 생각을 하게 되었다.

다음은 트립토판이 어떻게 BBB(뇌 속 관문)를 통과하느냐는 문제다. MIT 연구팀은 연구를 통해 당분을 먹으면 트립토판이 쉽게 통과한다는 것을 발견했고, 이것이 뇌 속으로 들어가 적절한 자극이 있으면 세로토닌이 쉽게 생성된다는 것을 발견했다. (세로토닌 생성 과정 참조) 따라서 ① 식욕 조절 ② 감정 조절 ③ 스트레스, 폭식 방지 ④ 원기 왕성하게 해준다.

결론적으로 당분 섭취를 통해 세로토닌이 생성, 활성화되면 실험 동물은 먹기를 중단한다. 얼핏 들으면 이것은 말도 안 되는 소리다. 당분과 체중은 역관계라는 것이 통념 아니던가. 당분 섭취가 비만을 초래한다는 것은 이미 상식이다. 따라서 연구진은 이런 결과가 도저히 믿기지 않아 확인을 위해 여러 차례 실험했다. 그러나 결과는 마찬가지였다. — 뇌가 식욕 스위치를 끄는 것은 위장의 만복감이 아니라 뇌의 세로토닌 활성화라는 사실이다. 결론적으로 많은 다이어트법이 있지만, 당분을 함유한 음식이 식욕 조절에 가장 안전하고 효과적인 방법이라는 게 확인된 것이다.

세로토닌 파워 다이어트(Serotonin Power Diet, SPD)

위의 이론을 근거로 1996년 하버드 대학 산하 맥린McLEAN 병원
에 SPD 클리닉이 열렸다. 2000년 미국 캘리포니아주의 팔로알토
에도 클리닉이 열렸으며 양 병원에서 세로토닌 음료 'SEROTRIM'
을 개발하여 판매하기 이르렀다. 세로토닌 스낵이나 음료를 매일
꾸준히 섭취하거나 마셔야 세로토닌이 적정 수준에 유지된다. 올
바른 적정량과 시간에 지시대로 섭취하는 것이 중요하다. 특히 여
성은 세로토닌 생성량이 남성의 50%밖에 되지 않으므로 정서 장
애가 잘 오고 작은 스트레스에도 취약하다. 여성들이 카페에서 단
것을 더 많이 주문하고 여럿이 모여 즐거운 담소를 나누며 행복해
하는 것도 당분 증가로 인한 세로토닌의 작용이다. 당분을 함유한
간식은 정서 조절, 스트레스 조절, 폭발성 식욕 조절 등에 탁월하
다. 자연은 신비해서 음식 의존을 위한 뇌의 화학물질은 세로토닌
이 유일하다. 다이어트는 의지의 힘이 아니고 세로토닌의 힘이 하
는 것이다.

이 'SEROTRIM' 음료를 과음하지 않아야 한다. 간식이나 음료나
같은 양의 당분 섭취로 같은 다이어트 효과를 본다. 식사 전에 당
분을 먹으면 세로토닌이 증가하고 세로토닌은 자연적으로 식욕을

낮춰준다. 식사를 적게 먹고 더 만족하게 해준다. 식당에서 주문한 메인 요리가 나오기 전에 서빙되는 에피타이저를 먹고 나면 식욕 저하로 먹는 총량도 줄어든다.

힐리언스 선마을에서는 식사할 때 30분 잘 씹어 먹고 후식부터 먹으라고 한다. 후식은 대개 달고 맛있기 때문에 포식을 하고 난 뒤에도 먹게 된다. 이게 초과량이다. 순서를 바꾸면 당분을 먼저 먹게 되어 식욕이 줄어든다. 다이어트 과정이 끝난 후에도 세로토닌 식욕 조절은 계속된다. 당신이 당분이 포함된 간식을 먹는 한 기분도 좋고 만복감이 온다.

많은 다이어트 비법들은 온갖 방법을 다 해도 만족스럽지 못하며, 배고프지 않아도 더 먹고 싶어진다. 당분을 적게, 혹은 아주 완벽히 끊으면 수분을 빨리 없애게 된다. 당분이 근육 속에 저장되어 있기 때문이다. 일단 과정이 끝나면 더 먹지 않아도 괜찮아지며 3개월은 계속해야 한다. 그래야 비로소 세로토닌 기본 구조에 변화가 온다.

세로토닌은 ① 단백질만 섭취 ② 지방과 단백질 함께 섭취 ③ 단백질을 서빙하면서 당분도 함께 줄 때와 같은 조건에선 만들어지지 않는다.

MIT 연구팀은 '감정-당분 섭취-세로토닌' 사이의 연결 고리를 찾기 위해 당분을 섭취하고 나서 기분이 좋아지고 만족감이 온다는 사실을 발견했다. 결론적으로 무엇을 먹느냐에 따라 음식이 기분 조절을 한다. 약으로도 조절을 할 수 있다면 좋겠지만 그런 것은 없다. 스트레스가 증가하면 세로토닌이 더 필요하므로 당분을 더 많이 섭취해야 한다. 그럼 기분이 바로 좋아진다.

연구팀은 혈액 검사를 통해 아주 작은 양의 트립토판이 뇌 속으로 들어가 세로토닌을 만든다는 것을 발견했다. 세로토닌 결핍은 당분을 더 원하게 하고 기분이 안 좋아져 불평, 불만을 쏟아낸다. 또한, 평소보다 많이 먹어도 배가 허전하다고 불평이다. 체중을 줄이기 위해선 약이나 보조제, 이상한 음식 혼합 등은 필요 없고 오직 당분 간식만 있으면 된다.

항우울제 및 정서 안정 제재

일반 다이어트에도 당분 간식은 놀랄 만한 효과를 발휘하면서 전혀 부작용이 없다는 것이 장점이다. 특히 세로토닌 재흡수 억제제SSRI가 우울증에 처방되면서 체중 증가로 고민하는 환자가 많아졌다. 여기엔 당분 간식이 최고다. 세로토닌 분비로 기분을 조절하는 데 도움이 되지만 특히 항우울제로 인한 식욕 증가에 유효하다.

세로토닌 파워 다이어트 실시

구체적으로 3가지 단계로 진행된다.

1단계	**세로토닌 서지(Serotonin Surge, 포식) - 2주** 당분 간식을 하루 세 번 충분히 섭취한다.
	• **아침 식사:** 단백질, 탄수화물, 과일
	간식: 점심 식사 1시간 전
	• **점심 식사:** 단백질, 채소
	간식: 점심 식사 3~4시간 후
	• **저녁:** 탄수화물과 채소
	간식: 저녁 식사 2~3시간 후
2단계	**세로토닌 밸런스(Serotonin Balance) - 6주** 당분 간식을 하루 두 번 섭취한다.
	• **아침 식사:** 단백질, 탄수화물, 과일(주스)
	간식: 점심 식사 1시간 전
	• **점심 식사:** 단백질, 채소
	간식: 점심 식사 후 3~4시간 후
	• **저녁:** 단백질, 탄수화물, 채소
3단계	**세로토닌 컨트롤(Serotonin Control) - 4주** 당분 간식을 하루 한 번 섭취한다.
	• **아침 식사:** 단백질, 탄수화물, 과일(주스)
	• **점심 식사:** 단백질, 채소
	간식: 점심 식사 3~4시간 후
	• **저녁:** 단백질, 탄수화물, 채소

식후 식욕 조절을 위해 간식은 식전에 먹어야 한다. 위 스케줄은 워트먼J.J Wurtman Ph.D, N.F. Marquis M.D 클리닉에서 실시하고 있는 것을 한국 실정에 맞게 조절한 것이다. 이상 3개월간 계속하면 뇌 구조가 바뀐다. 그때까지는 꾸준히 계속해야 한다.

탄수화물의 두 가지 형태

① 단순형: 설탕과 같이 한 개 또는 두 개의 분자로 구성되어 소화가 빨라 혈액순환을 통해 근육의 에너지로 사용된다. 운동 시에는 근육에 저장된 글리코겐을 포도당으로 분해해 사용한다.
② 복합형: 긴 사슬형과 가지형이 있다. 감자나 파스타, 빵, 시리얼, 쌀, 옥수수 등에 함유되어 있으며 포도당으로 분해하는 데 시간이 오래 걸린다.

모든 당분은 소화관을 떠나 혈관으로 들어가려면 포도당으로 분해되어야 한다. 과일은 과당을 함유하므로 예외다. 과당은 당분으로 되려면 별도의 복잡한 과정을 거쳐야 한다.

당분을 먹으면 G.I. Glycemic Index가 너무 빨라지는 것을 걱정하기도 한다. 하지만 당분 간식 정도의 양으로는 전혀 문제가 되지 않는다는 것이 연구진의 공식적인 반응이다. 음식을 먹은 후 포도당으로 바뀌기까지의 시간을 G.I.라고 하는데, 이게 빠를수록 인슐

린이 분비되어 여분의 당을 지방산으로 바꿔 내장에 비축, 비만이 된다.

배고픔과 식욕

배고픔과 뭔가를 먹고 싶은 식욕은 아주 다르다. 배고픈 걸 못 참아 다이어트를 그만두었다는 환자를 본 적이 없다. 즉, 다이어트 실패의 원인은 배고픈 굶주림이 아니라, 먹고 싶어 하는 식욕 때문이다. 배가 고프지 않아도 맛있는 것을 보면 식욕이 자극된다. 이것이 문제다. 먹고 싶은 식욕을 못 견뎌 실패한다.

배고파서 먹느냐, 식욕 때문에 먹느냐를 구분해야 한다. 식욕 신호가 오면 배고픔보다 먹고 싶은 것을 못 참아 먹는다. 이것을 억지로 참으려니 엄청난 의지의 힘이 필요하다. 애를 쓰다가 결국 의지가 약해져 먹게 된다. 다이어트 실패의 원인은 먹고 싶은 욕구를 참아야 하는 의지가 약해지기 때문이다. 그러나 세로토닌 파워 다이어트는 의지의 힘이 아니라 뇌의 힘으로 식욕을 조절한다. 세로토닌이 저절로 식욕을 조절해준다.

우리는 앞 장에서 탄수화물 간식 이전에 자연적으로 세로토닌 분비가 되는 여러 가지 방법을 배웠다. 리드미컬한 운동과 햇빛이 특히 중요한 요인으로 강조되었다. 여기서도 함께 실시하면 훨씬 효과적이다.

세로토닌 결핍의 원인

이 중요한 호르몬이 왜 부족할까. 대별하면 세 가지로 요약될 수 있다. ① 생산 부족 ② 스트레스 과잉 ③ 반反세로토닌 환경.

생산 부족

우리는 앞 장에서 세로토닌 생성 기전에 대해 자세히 설명한 바 있다. 어떤 이유에서든 세로토닌이 충분히 만들어지지 않는다면 결핍증후군이 필연적으로 온다. 생성 기전을 자세히 쓴 이유도 여기 있다.

학자에 따라선 세로토닌 결핍 상태도 타고나는 사람이 있다고 한다. 하지만 이에 대한 자세한 연구 보고는 없다. 세로토닌 결핍의 큰 원인은 뭐니 뭐니해도 생산 부족에서 온다.

스트레스 과잉

스트레스를 받으면 세로토닌 기능이 약화된다. 스트레스 대처에 쓰이는 에너지, 세로토닌의 과용은 필연적으로 결핍 상태를 만든다. 따라서 세로토닌 결핍 상태를 치료하기 전에 스트레스 대처법에 대해 연구해야 한다.

원인이나 증상에 따른 스트레스 대처기법은 많이 나와 있다. 여기서는 세로토닌 치료에 앞서 해야 할 전 처치 형식으로 특기할 만한 몇 가지 기법을 소개한다. 이런 기법들은 이미 많은 학자에 의해 그 유효성이 인정된 것이며 또 실시하기 쉬운 것들만 소개한다. 세로토닌 기능이나 활성화가 워낙 대뇌 전체에 영향을 미치기 때문에 설명이 중첩되는 경우도 있지만 강조하는 뜻으로 읽어주시기 바란다.

① 스트레스는 주관적이다

"어느 하루, 아니 어느 한순간 편할 날이 없습니다. 전화만 오면 가슴이 철렁합니다. 커피 한잔 여유 있게 마실 시간이 없습니다. 택시 사업을 그만둬야겠다는 생각을 여러 번 했습니다. 그런

데 다른 걸 할 재주가 없습니다. 사업은 그럭저럭 잘되어 이젠 50대가 넘었습니다만, 어느 하루 사고 안 나는 날이 없습니다. 인명 사고라도 나면 저는 아주 초주검이 됩니다. 경찰 조사에서 유족들과 면담, 택시 기사의 구속…… 감당해야 할 일이 한두 가지가 아닙니다. 노선 상무가 수습을 하지만 큰 사건에는 제가 나설 수밖에 없습니다. 수월하게 해결되는 일이 없습니다. 마음이 항상 초조, 긴장, 불안 일색이니 몸이 편할 수도 없습니다. 소화불량에 두통은 기본입니다. 잠도 제대로 잘 수 없습니다. 이러다간 제 명대로 살 것 같지 않습니다. 하루에도 몇 번씩 그만둘까 하는 생각을 하지만 배운 게 이것뿐이니……."

누가 봐도 그는 스트레스에 시달리고 있는 것 같다. 길에 나가 보면 그가 결코 엄살을 떠는 것이 아니라는 것을 알 수 있다.

처방: 스트레스는 우리가 살아 있다는 증거이다

만성적인 스트레스에 지친 표정이 역력하다. 그냥 긴장하는 것이 아니고 잔뜩 성이 난 상태이다. 일단 복식 심호흡을 가르치고 몇 번 실시하도록 했다. 그는 그것만으로도 당장 속이 후련하다고 아주 신기해했다. 그리고 당신이 시민들을 위해 얼마나 훌륭한 일을 하고 있는지 생각해보라고 했다. 사업이 성공 궤도에 올랐다는 사실을 확인하면 절로 긍지와 보람이 생길 것이다.

로고테라피의 의미치료도 함께 가르쳤다.

우리가 명심해야 할 것은 스트레스는 주관적이라는 사실이다. 낚시는 취미로 하는 사람에겐 즐거운 일이지만 싫어도 해야 하는 어부에겐 괴로운 노동이 될 수도 있다. 스트레스는 우리가 살아 있다는 증거이다. 스트레스가 쌓이거든 이것을 없애려고 싸우지 마라. 상처는 건드리면 덧난다. 조용히 받아들이되, 아무리 하찮은 일이라도 거기엔 숭고한 인생의 의미가 있다는 것을 읽어낼 수 있는 지혜가 있어야 한다. 이럴 수만 있다면 힘든 일이라도 기분 좋은 유스트레스Eustress로 만들 수 있다.

스트레스는 이렇게 큰 틀에서 봐야 한다. 그게 잘 안 되어 나를 괴롭힐 단계가 되면 스트레스 대처를 구체적으로 해야 한다.

② 복근 심호흡 치험 예

작은 모임이 끝난 후 비즈니스를 하고 있는 중년 부인의 차 한 잔 대접하겠다는 권유에 따라 카페에 들어갔다. 자리를 잡고 앉았는데 그 부인은 조금 전 모임에서의 인상과는 아주 다른 사람이 되었다. 그렇게 잘 웃고 말도 재밌게 하던 사람이 갑자기 침울한 얼굴이 되었다. 가쁜 숨을 내쉬며 덥지도 않은데 땀을 훔쳤다. 10km 마라톤을 막 끝내고 온 사람 같다. 한마디로 피곤하고 지쳤다는 것이다. 가정도 원만하고 사업도 잘되는데 만성피로가 가시지 않는다는 게 그의 문제였다. 자신의 컨디션을 소개하면서 일 중독, 과로, 만성피로라고 진단했다. 내가 봐도 그랬다. 난 그에게 깊은 복식 호흡을 가르쳤다. 배에 손을 얹고 복부가 움직이는 걸 느끼도록 했다. 아주 시원하다고 했다. 하루에도 몇 번 틈나는 대로 하라고 제안하고 헤어졌다. 5분도 채 걸리지 않았다. 그는 말했다.

"짧은 몇 차례의 심호흡이 이런 효력을 발하는지 믿기지 않을 정도입니다. 감사합니다."

★ 복근 호흡

세로토닌 기법에서 리드미컬한 복근 심호흡은 대단히 중요하다. 일반 생명 활동을 위한 호흡은 흡기가 중요하지만 세로토닌 호흡법에선 호기가 중요하다. 숨을 들이마실 때는 교감신경 우위가 되고 반대로 숨을 내쉬는 동안은 부교감신경 우위가 된다. 한숨을 쉬고 나서 마음이 후련해지는 원리를 생각하면 이해가 쉽다. 일상 호흡은 1분에 12회 정도지만 세로토닌 호흡은 작게 벌린 입을 통해 가늘게, 부드럽게, 천천히, 깊게, 그리고 아랫배가 등에 붙을 정도로 1분에 3~4회 한다.

차츰 숙달이 되면 호기가 흡기보다 자연스럽게 길어진다. 일부러 할 필요 없이 절로 그렇게 된다. 우리는 심한 스트레스를 받거나 급할 때 숨을 가쁘게 쉰다. 싸우거나 달아날 준비를 위해 많은 산소와 에너지가 필요하기 때문이다. 이걸 '과호흡 증후군'이라 부르는데, 우리 몸에 엄청난 부담을 준다.

그러나 자율신경은 우리 의지대로, 마음대로 되지 않는다. 스트레스를 받으면 호흡이 절로 급해지고 마음도 급해진다. 차분하라고 명령을 해도 듣지 않는다. 이럴 때 흥분된 교감신경(스트레스)을 차분하게 하는 유일한 방법이 '천천히 깊게 하는 복근 호흡법'이다. 이것은 스트레스 대처법의 기본 중 기본이다. 따라서 어떤 상황이든 스트레스로 인한 것일 때는 이 호흡법을 먼저 하라고 권한다. 두세 차례만 반복하면 긴장이 풀리고 마음이 편안해지는 걸 느낄 수 있다. 부족하다 싶으면 5~20분간 계속할 수도 있다. 어느 정도 습관이 되면 자연스럽게 짧은 명상으로 넘어간다. 분명한 건 복근 심호흡만으로도 스트레스 대처는 성공적이라는 것이다.

③ 성격이 불같이 급해서

오래전에 상담한 심장병 환자 이야기다. 하도 성질이 급하고 별난 사람이라 지금도 생생히 기억나는 환자이다. 사람이 조급증에 시달리면 그 압력이 심장을 둘러싼 혈관에 온다. 정신과에선 '관상동맥 성격Coronary Personality'이라 부른다. 급한 스트레스가 심장 혈관에 계속 가해지면 혈관이 막혀 급성 심장병이 온다. 수술로 막힌 혈관을 뚫어야 한다. 환자 자신도 알고 있다. 자기 성격이 불같다며 뉘우치기도 하고 상담치료도 받아보지만 교정이 잘 되지 않는다.

듀크Duke 대학 보고에 의하면 이렇게 급한 성격이나 조급증이 심한 사람은 심장병 발병률이 8배나 높다고 한다. 내 환자는 사업이 잘 되어가기 때문에 해야 하는 일도 점점 많아졌다. 밤중까지라도 제 손으로 해야지 다른 사람한테 맡겨 놓으면 하도 꾸물대기 때문에 답답해서 볼 수가 없다. 임직원들과 대화도 잘 되지 않는다. 차분히 듣지를 못한다. 대화 중에도 상대의 말이 끝날 때까지 기다리지 못해서 중간에 끊고 자기가 말을 한다. 식사 시간에도 회의를 자주 하는데, 이때도 경청하지 않고 자기 이야기만 한다. 어쩌다 혼자 식사하는 시간에도 신문, 컴퓨터, TV 다 켜놓고 서류를 검토하는 통에 무엇을 먹고 있는지도 모른다. 밥맛이 제대로 날 리가 없으며 소화가 되지도 않는다. 그러니 위장약, 소화제를 달고 다닌다. 또한 한 번에 몇 가지 일을 처리한다. 그의 책상 위에는 언제나 서류더미가 잔뜩 쌓여 있다. 그는 어느 날, 회의 도중 부하를 질책하다 말고 심장을 움켜쥐고 병원 응급실로 실려갔다. 다행히도 가벼운 심장병으로 퇴원했으나, 그 후에도 그의 불같은 성격은 고쳐지지 않았다.

처방: 여유를 갖는 연습을 한다

하루 생활 중에도 여유를 갖는 연습을 해야 한다. 한국인에게 권하기 어려운 것이 여유이다. 우리는 모든 면에서 급하다. '빨리빨리'는 대영백과사전에도 올라가 있는 한국인 특유의 심성이다. 우리는 후발 국가였기에 선진국을 따라잡으려면 뭐든지 급히 서

두르도록 세뇌되어 모두가 조급증에 시달리고 있다. 이런 심리 상황에선 세로토닌 대신 노르아드레날린이 발동해 전신을 긴장 상태로 몰고 가며, 만성 스트레스 상태에 놓이게 된다. 이게 우리 심신의 균형을 깨트리고 여러 가지 생활 습관병의 원인이 되고 있다. 이것이 오늘을 사는 한국인의 모습이요, 뇌가 가장 싫어하는 상황이다.

시내 약속 장소에는 최소한 30분 전에 가 있는다. 약속 장소에 바로 들어가지 말고 근처 카페에서 차도 한잔 마시고 신문 잡지를 뒤적이거나 오늘 할 회의 준비 자료를 한번 정리해본다. 어떤 경우에도 '길이 막혀서'라는 변명은 하지 않는다. 도심의 길은 막히는 게 정상이다. 약속 시간에 정확히 나타나는 것만으로 사람들로부터 대단히 긍정적인 평가를 받게 된다. 사회적 성공이란 게 별거 없다. 이런 작은 일이 쌓여 이뤄지는 것이다. 습관성 지각생이 있다. 항상 헐레벌떡 회의장에 들어서는 사람은 그만큼 사람들로부터 부정적인 평가를 받게 된다. 그리고 무엇보다 당신 자신의 건강이 걱정이다. 시간에 쫓기는 것만큼 악질적인 스트레스는 없다. 심맥관계통에 직격탄이다.

마음은 급한데 어떻게 여유 있게 할 수 있을까? 앞 장에서 이미 세로토닌 활성 기법을 자세히 설명한 바 있다. 조급증에 효과적인 몇 가지 팁tip이 있다.

- 아침 한 시간만 일찍 일어나라. 여유 있는 아침 운동, 하루의 준비, 여유 있는 식사, 지하철을 앉아갈 수 있고 차 안을 간이 사무실로 만들 수도 있다.
- 응급으로 할 수 있는 것은 명상이다. 시간이 없으면 조용히 심호흡 몇 번 하는 것만으로 한결 여유가 생긴다. 복식 호흡을 자주 하라.

④ 감사

야속한 운명이다. 재래시장에서 작은 청과상을 하고 있는 주부의 이야기다. 남편은 실직 가장에 중풍을 앓고 있는 시부모를 모시고 삼 남매를 키워야 하는 참으로 바쁜 주부이다. 요즘은 코로나19 때문에 장사도 잘 되지 않고 청과물이라 때맞춰 팔지 못하면 버려야 한다. 인생에 어느 하나 쉬운 게 없다는 생각이 든다고 했다. 누굴 잡고 하소연할 데도 없다. 팔자 탓이나 할까. 그녀도 어릴 적엔 꿈 많은 소녀였다. 집이 넉넉하진 않았지만 부모님의 따뜻한 보살핌으로 집 안에선 웃음이 그치지 않았다. 하지만 무슨 죄를 지었기에 이렇게 버거운 시련을 이겨내며 살아야 하는가, 하는 생각이 든다고 했다.

처방: 감사하는 순간 세로토닌이 넘친다

무거운 짐을 진 그녀에게 위로와 격려를 보내고 싶다. 정말 홀

룡하다. 주어진 환경, 참으로 힘겹다. 원망을 한다고 풀릴 일이 아니라면 역으로 역경에 감사할 일을 찾아야 한다.

나는 아침에 눈을 뜰 적마다 살아 있다는 것이 놀랍고 고맙다. 해가 뜨는 것, 지는 것, 길가에 핀 이름 모를 꽃 한 송이, 바람이 부는 것, 계절이 바뀌는 것, 어느 것 하나 고맙지 않은 게 없다. 해서 난 언제나 마음이 풍성하고 풍요롭다. 시원찮은 허리, 다리에도 감사드린다. 자기 전 곱게 주무르면서 감사 인사를 한다. "온종일 무거운 몸을 지고 무사히 하루를 마치게 해주어서 감사합니다." 감사하는 순간 세로토닌이 넘쳐난다.

감사할 줄 모르면 그때부터 불행해진다. 온통 불평, 불만 덩어리만 보인다. 이게 당연 심리에 빠진 사람의 함정이다. 우리 조상들이 피땀 흘려 이룩한 이 나라, 이 땅에 태어난 것만으로 정녕 고마운 일이 아닌가. 길에는 차의 물결이 꼬리를 물고 도시엔 고층 빌딩이 하늘 높이 줄지어 있다. 이 모든 게 당연한 걸로 생각된다면 당신은 불행의 굴을 파고 있는 사람이다. 감사할 줄 아는 능력, 감사력은 인간성이나 인간을 평가할 때 가장 중요한 덕목인데도 한국 사회는 이게 평가 절하되어 있다. 감사를 주고받는 순간만큼 우리에게 편안하고 행복한 시간도 없다. 세로토닌이 펑펑 쏟아지는 순간이다. 모든 이에게 감사를 드리자. 그게 행복으로 가는 길이다. 어두운 면만 보면 한없이 슬퍼진다. 우울증에 빠질 수도 있다. 우리 몸의 면역력도 떨어져 설상가상으로 병들어 누워야 할 수도 있다. 이것이야말로 최악이다. 대신 밝은 면을 찾아보자. 아이들이 잘 자라는 것, 남편의 지병도 그만하기 다행이란 생각도 든다. 어릴 적 모습도 떠올려본다. 가난해도 행복했던 시절, 그리고 지금의 나. 그 어려운 역경도 꿋꿋하게 잘 버티고 있는 자신이 너무 대견스럽고 큰 자부심이 생길 것이다. 역경을 있는 그대로 인정하고 받아들이는 것도 훌륭한 자세이지만 역경을 역으로, 보다 적극적으로 받아치는 긍정적인 자세가 되는 것. 이게 '역을 역으로'라는 인생철학이요, 긍정심리 기법이다. 한 차원 높은 인간적 품성이 길러진다.

시장에 장사할 수 있는 상점이 있다는 것도 축복받을 일이다. 이웃과 친하게 지낼 수 있는 것, 저 건너 꽃가게 아름다운 꽃들을 바라볼 수 있다는 것, 어쩌다 시원한 바람이 뺨을 스치는 것…… 우리 인생에 무엇 하나 소홀히 할 수 없는 소중한 것들이다. 그래도 답답하다면 아랫배로 심호흡을 조용히 한다. 후유~ 하고 한숨을 쉬는 것도 당장을 위해 좋은 방법이다.

⑤ 긴장 후 이완

그는 유명한 학원 강사였다. 그가 하는 수학 강좌는 언제나 만원이었다. 수강생 수로 보수가 결정되기 때문에 준비도 철저히 하고 강의도 학생들이 이해하기 쉽게 잘 가르쳐야 한다. 학원 내에도 보이지 않는 경쟁이 치열하다. 강의가 시원찮고 학생 수가 적으면 쫓겨날 수도 있다. 그는 벌써 두 아이의 아버지요, 중풍을 앓는 아버지 병간호까지 생활이 빡빡했다. 새벽부터 밤중까지 강행군이다. 그런데 최근엔 강단에 서기가 두렵다. 오른손이 굳어 칠판에 글씨도 제대로 쓰지 못한다. 혀도 굳어 말을 더듬거리기도 하고 소화도 안 되고 이윽고 온몸이 굳어버린 듯 불편하다. 그를 만났을 때는 나마저 몸이 굳어지는 것 같았다. 긴장 일색으로 온몸이 굳어 있어 움직임이 자유롭지 못했다. 저렇게 긴장된 몸으로 어떻게 강의를 할 수 있을까. 양팔을 올려보라고 했다. 반도 못 올렸다.

진단은 간단했다. 그도 알고 있다. 지나친 긴장이 자신을 불구로 만들고 있다는 것. 못 마시는 술, 담배도 피워보았지만 별로 도움이 되지 않았다. 마사지도 받아보고 스파도 했지만 그때뿐이었다고 했다.

처방: 긴장과 이완법을 두세 차례 반복한다

일단 그에게 복식 심호흡법을 가르쳤다. 그는 쉽게 따라했다. 다음 흡기를 천천히 하면서 오른팔에 긴장을 힘껏 준다. 어깨에서 손마디까지, 평소 버릇처럼 긴장을 풀려고 하지 말고 더 힘껏 어금니를 깨물고 긴장을 준다. 2~3초간 긴장 상태를 유지한다. 그 다음 호기시에 가늘게 입으로 깊게 하면서 이완을 한다. 이완도 되면서 부교감 우위로 마음이 편안하다. 몇 차례 반복하면서 긴장과 이완을 확실히 구분할 수 있고 긴장 후에 오는 이완을 즐기도록 한다. 참으로 편안하고 부드럽다.

하루 생활 중 긴장이 되거든 이를 풀려고 하지 말고 흡기와 함께 긴장을 더 강하게 한다. 호기와 함께 이완을 한다. 그리곤 "아, 편하다"고 말을 해도 좋다. 강의실 들어가기 전 등 언제나 긴장이 되는 상황에선 '긴장 후 이완법'을 두세 차례 반복한다.

⑥ 욕심이 과했나

그는 종로에서 노점상을 하고 있다. 길목이 좋아 장사가 잘되는 편이었다. 두 아이 대학 보내고 실직 남편 뒷바라지까지 잘하고 있다. 그러나 이 작은 노점상 하나 운영하는데도 방해물이 너무 많다. 불량배의 행패는 날이 갈수록 심해졌다. 가끔 구청에서 특별단속을 나오는 날엔 점포를 걷어 치우기도 한다. 눈비 맞으며 추위에, 더위에 시달리다 보니 어느덧 나이 칠십이 다 되어간다. 그의 소원은 내 가게에서 비 안 맞고 장사를 하는 것이라고 했다. 하지만 허리는 꼬부랑 할머니처럼 굽어졌고 꿈은 멀기만 하다. 후유, 하고 한숨만 나온다고 했다.

처방: 욕심을 줄이자

옛말에 길을 나서면 중도 보고 소도 본다는 말이 있다. 온갖 일이 벌어지는 게 길이다. 자동차 소리, 스피커 소리, 길에서 벌어지는 온갖 소음만으로도 엄청난 스트레스로 작용, 우리 심신이 자율신경과 함께 균형을 잃고 자율신경 부조증에 빠질 수 있다. 당장 건강에 큰 무리가 없는 것만으로 축복이요, 행운이다. 그리고 뭐니 뭐니 해도 장사가 잘된다니 그런 다행이 없다. 하지만 노점상 스트레스는 짐작이 가고도 남는다. 후유, 길게 한숨을 자주 쉬어야 한다. 당장은 이보다 좋은 치료제도 없다. 더, 더 하는 도파민적 욕심은 끝이 없다. 이런 욕심이 가시지 않는 한 우리는 스트레스에서 완전히 벗어날 순 없다. 내 가게를 갖는다는 것. 참으로 아름다운 꿈이요, 희망이다. 고이 간직하시되, 내 형편에 맞게 무리하지 말기! 내 당대에 안 되면 후대에 이뤄질 수도 있다. 이웃 나라 사람들은 우리를 부자 나라로 본다. 경제 규모 세계 11위, 중진국 가운데는 우리가 최선진국의 정상에 서 있다. 그러나 우리 국민의 행복지수나 삶의 질은 세계적으로 중하위권, OECD국 중엔 바닥권이다. 이렇게 잘살게 되었는데 어째서 이럴 수가? 빈부 격차의 양극화도 한몫했을 것이다. 그리고 지난 세월 고속, 고공비행으로 달려오다 갑자기 저속, 저공비행으로 되었으니 답답하고 화도 치밀 것이다.

우리는 아직도 등산 심리에 젖어 있다. 더 올라가야 한다고들 아둥바둥이다. 더 빨리, 더 높이 산을 오르는 사람은 마음이 급하고 격해서 근처 들꽃 한 송이 눈길을 줄 여유가 없다. 더, 더 하는 MORE 심리에 빠져 있다.

우린 여기서 잠시 멈춰 현재 위치를 점검해야 한다. 중진국 중에선 최선단의 정상에 올랐다. 정상에 왔으면 짐을 내려놓고 발아래 경치도 감상하고 점심도 나눠 먹고 정도 나누어야 한다. 하지만 우리의 욕심은 아직 덜 차서 더, 더를 외치고 있다. 그래서 더 올라갈 수 있다면 기분이 좋다. 이것을 '도파민 심리'라고 부른다. 욕심껏 되면 쾌락 중추의 도파민이 활성화되어 기분이 좋겠지만 그렇지 않으면 즉각 불평, 불만이다.

이게 도파민 사회이며, 도파민 심리의 취약점이다. 사람의 욕심은 끝이 없다. 불행히 국내외 여건이 녹록지 않다. 우리는 어쩌면 오르긴커녕 하산할 준비를 해야 할지 모른다. 옛 선비들은 현명했다. '더'라는 욕심을 줄이고 분수대로 살아왔다. 선비정신에서 본받아야 할 것은 많지만, 오늘 우리 한국 사회에 가장 필요한 덕목이 바로 지족知足정신이다. 부족한 대로, 큰 욕심 없이 분수대로 산다. 그렇게만 살 수 있다면 마음이 편해진다. 분수에 맞지 않는 욕심을 부리니까 '그만하면 됐는데'도 아직 모자라는 것이다. 우리는 도파민적 욕심 때문에 아직 부족하다고 생각한다. 옛 선비들은 부족해도 만족하고 살았다. 그리고 정신이 맑았다. 청빈淸貧을 사랑했다. 더러운 부자보다 가난해도 맑게 살겠다는 정신을 배워야 한다.

⑦ 스마일

그는 건축계에선 아주 잘나가는 설계사이다. 비즈니스가 커지면서 그가 하는 일도 당연히 많아졌다. 아이 둘의 뒷바라지도 문제지만 출장이 잦은 남편 챙기기, 치매 시어머님 간병까지. 회사 일보다 오히려 가정일이 더 복잡하고 골치 아픈 일이 많았다. 그는 버릇처럼 "Thanks God, It's Monday"라고 했다. 직장 가는 날이 오히려 고맙고 해방감을 맛보는 날이다. 비서진들이 일을 다 해주기 때문이다. 물론 큰 공사에 바람 잘 날 없다. 무사히 넘어가는 날이 없다. 낙천적인 성격이지만 요즘 그의 얼굴엔 미소가 사라졌다. 대신 피로에 지친 만성과로 상태인 건 누가 봐도 완연히 느껴진다.

정신과 클리닉엔 행복한 사람이 찾아오지 않는다. 모두가 우거지상이다. 직장과 가정, 양쪽에서 받는 스트레스에 그는 완전히 K.O 상태에 빠졌다. '도대체 내가 왜 이렇게 살아야 하지?' 회의가 든 지 몇 해가 지났지만 달리 대책은 없었다. 나는 우선 그가 얼마나 훌륭한, 의미 있는 일을 하는가를 인식시켜야 했다. 수백 명 되는 직원에게 일자리를 제공하는 것, 그리고 가정에 쏟는 그의 정력 뒤에는 사랑이 숨어 있다. 나는 그가 직장에서, 가정에서 얼마나 큰 사랑을 베풀고 있는가를 알려주었다. 그리고 그 사랑을 미소로 표현하도록 지시했다. 몇 초 걸리지 않았다. 캘리포니아 대학 폴 애크만 교수는 미소는 시상하부를 자극하여 엔도르핀을 비롯해 기쁨과 행복을 주는 여러 가지 긍정 호르몬을 분비되게 한다는 걸 보여주었다.

처방: 미소는 시상하부를 자극하여 긍정호르몬을 분비한다

스트레스의 발생 기전은 우리를 보호하기 위한 경계 신호이다. 따라서 바쁜 일상에 쫓기고 있을 때는 스트레스를 의식할 시간도 여유도 없다. 그러나 우리 뇌는, 특히 생명 중추인 시상하부에선 스트레스 반응이 나타난다.

길을 걸을 때 저 멀리서 자동차 경적 소리가 들린다. 하지만 우리는 전혀 신경 쓰지 않을 뿐더러 심지어 들리지 않는 경우도 많다. 마찬가지로 일상생활에서도 스트레스가 있는데도 불구하고 이를 인지하지 못하고 넘어간다. 그러나 시상하부에선 이 모든 상황에 예민하게 반응해 소위 스트레스 상태가 된다.

우리가 의식을 못 하니 무슨 대책을 세울 리도 없고 과부하상태 그대로 진행된다. 그러다 언젠가 탈이 나게 되어 있다. 그냥 간과해선 안 된다. 만성피로 증후군, 아니면 완전연소 증후군 등 심각한 상태로 빠질 수 있다. 그가 쏟는 노력에 대한 보상이 있어야 한다. '피곤하다, 왜 이러고 있지?' 이런 부정적인 생각이 스트레스 상황을 더 나쁘게 만든다. 직장에서, 가정에서 흘리는 그의 땀방울 뒤에는 사랑과 보살핌이라는 숭고한 인생의 의미가 숨어 있다. 이걸 그에게 인식시킨다면 굉장한 자부심과 긍지를 느낄 것이다. 그러면 얼굴엔 절로 미소가 피어난다. 사랑하기 때문에 그 벅찬 일도 감당해낼 수 있는 것이다. 자기가 하는 일의 의미를 모르고 심지어 의무적으로 할 때와 사랑하기 때문에 하는 것은 차원이

다르다.

⑧ 감루 요법(感淚療法)

어디 가서 혼자 실컷 울기라도 하면 이 답답한 가슴이 풀릴 것 같다. 어렵게 세운 중소기업, 밤낮 가리지 않고 열심히 뛰었다. 덕분에 이제야 겨우 자리가 잡혀가고 있다. 창업 당시 빌린 빚도 다 갚았다. 정부에서도 그 공을 인정하여 중소기업인 상을 받게 되었다. 상을 받는 사람이 어디 나쁜가. 하지만 내겐 정말 의미 있고 특별한 상이다. 수상 통지를 받은 날, 직원들이 모두 퇴근한 사무실에서 어린애처럼 엉엉 울었다. 울고 나니 좀 창피하기도 했지만 흐르는 눈물을 참을 수 없었다.

처방: 실컷 울어라

축하하고 싶다. 참으로 감동적이다. 감동의 눈물이 창피하다는 생각은 두고, 영광스럽고 자랑스러운 일에 실컷 울어야 한다. 그간 흘린 땀방울만큼이나 울어야 한다.

누구나 감동하면 눈물이 난다. 감동적인 영화를 보노라면 주인공과 함께 뜨거운 눈물을 흘리기도 한다. 병원에선 일부러 그런 영화를 보면서 감동의 눈물을 흘리게 만들기도 한다. 그래서 '감루 요법'이란 이름도 붙였다. 최근 연구 보고에 의하면 웃음보다 감동의 눈물이 힐링 효과가 6배나 더 크다는 사실이 밝혀졌다.(일본 아리타 교수) 남자들은 감동을 느껴도 눈물을 흘리면 약하다는 인상을 줄까 봐 억지로 참는 경우가 있다. 그런 사람은 혼자 영화를 보는 것도 좋은 방법이다. 여성들은 아주 펑펑 소리내어 우는 사람도 있는데, 스트레스 대처에 참 좋은 방법이다. 실컷 울고 나면 속이 후련해진다. 실컷 웃고 난 후보다 기분이 더 후련하고 시원할 때가 있다. 그만큼 치유 효과가 높다는 뜻이다.

⑨ 어떻게 해도 안 되는 일

그는 채소 농사를 짓는 전형적인 농사꾼이다. 대대로 물려받은 땅에 상당한 규모의 채소농을 하고 있다. 네 명의 아이와 노부모를 모시고 마을일도 봐주며 참으로 부지런한 생활을 한다.

문제는 한 번도 빚에서 풀려날 일이 없었다는 것이다. 갚고 돌아서면 또 빌려야 하고 또 갚고……. 은행을 위해서 농사를 짓는 것 같다. 빚도 문제지만 그의 건강이 말이 아니다. 고혈압에 당뇨병이다. 체중이 100kg은 넘는다. 하지만 그는 그래도 폭식에 육류를 좋아한다. 의사는 운동 좀 하고 식사 조절을 하라고 권하지만 그는 제 생각대로 행동한다. 농사일만 해도 운동이 되고, 일을 하려면 그만큼은 먹어야 한다는 게 그의 주장이다. 농사일이라는 게 하늘만 보고 짓는 일이라 종잡을 수가 없다. 가뭄이 들어도, 비가 너무 많이 와도 채소 농사는 망친다. 거기다 해마다 하는 고민은 배추냐 무냐, 도박 같다. 올해 배추 농사가 잘 되었다 싶으면 너도 나도 배추 농사라 헐값으로 팔아 넘기든지 아예 갈아엎어야 하는 일도 한두 번이 아니다. 동네 주막엔 한마당 술판이 벌어진다. 그 것밖엔 할 일이 없다. 농협에서 젊은 직원이 나와서 이것저것 상 담해주지만 어쩐지 미덥지가 않다. 믿을 데라곤 조상 대대로 내려 오는 전통적인 농법이다. 시대가 바뀌고 시장이 바뀌었는데도 옛 고집 그대로 하고 있다.

처방: 안되는 일은 포기하고 방법을 바꿔라

나는 그에게 딱 한 가지 부탁했다. '안되는 일은 그만하자'는 것. 안되는 줄 뻔히 알면서 왜 하느냐? 농사도 그렇고 건강도 마찬가 지이다. 이대로는 안된다. 농사와 건강, 뭔가 새로운 방법을 모색 해야 한다. 하늘만 바라보고 짓는 농사는 바뀌어야 한다. 비가 안 와도 걱정, 너무 많이 와도 걱정, 너무 더워도, 추워도 걱정이다. 어느 날 우박이라도 쏟아지면 다 된 농사를 망친다. 잎에 구멍이 생긴 못난이는 상품 가치가 없다. 그가 천기를 조종하는 힘이 없 는 한 이런 농법은 안된다.

건강도 마찬가지. 지금껏 해온 방법으로는 안된다는 결론이 났 으면 그만두는 게 상책이다. 그리고 새로운 방법을 연구, 개발해 야 한다. 그러기엔 작은 용기가 필요하다. 새로운 걸 시작할 적엔 겁도 나고 떨리기도 한다. 안 해본 일을 해야 하니까. 하지만 그런 작은 변화가 엄청난 행운을 안겨줄 것이다. 병원에 안 가도 약을 안 먹어도 되는 몸을 만들 수 있다.

크게 심호흡을 깊이 천천히 해보자. 속이 풀리듯 시원해진다. 그만큼 스트레스에 시달리고 있다는 증거이다. 자신에게 더 이상의 스트레스를 주어선 안 된다.

⑩ No라고 말하기

그는 회사에서도 '사람 좋은 사람'으로 널리 알려져 있다. 누가 무슨 부탁을 해도 거절하는 법이 없다. 휴가 일정, 당직 일정을 바꿔달라 부탁해도 그는 언제나 예스이다. 자기 업무도 많고 바쁜데 누가 도와달라면 거절을 못 하고 달려간다. 호인으로 이름이 나고 모두가 고마워하고 있지만, 그의 내심은 전혀 아니다. 좋아서 하는 일이 아니다. 싫어도 억지로 해야 하니 스트레스가 보통이 아니다. '다음엔 이런 바보짓은 안 해야지' 하고 결심하지만 누가 부탁을 하면 싫어도 "예스" 하고 만다. '아차, 또 실수하는군' 하고 후회해도 이미 때가 늦었다. 그는 그런 자신이 미웠다. 참으로 바보 같은 놈이라고 생각한다. 동료들이 그런 내 인간성을 이용하고 있다는 생각이 드니까 더욱 괘씸하고 그럴수록 자신이 바보처럼 느껴졌다. 상대가 부당한 부탁인 줄 뻔히 알면서도 하는 걸 보면 자신을 아주 바보로 아는 모양인 것 같다. 별 생각이 다 든다는 것이다.

처방: 생각해보겠다고 하고 천천히 거절하라

왜 No를 못 하냐는 질문에 그는 상대방이 자신을 싫어할 것 같은 공포심 때문이라고 했다. 사람은 누구나 거절당하면 기분이 좋지 않다. No 소리 못 하는 바탕엔 그런 심리가 작용하고 있다.

한국 사회에선 너무 매정하게 거절하면 좋은 평판을 듣기 힘들다. 필요할 때 상부상조하는 게 인지상정이다. 하지만 이 사람의 경우는 좀 심하다. 부탁한 사람이 밉기도 하고 당장 일감을 그의 책상 위에 던져놓고 싶은 생각이 들 때가 있다. 그는 Yes 한마디로 인해 엄청난 스트레스를 받고 있었다. 그렇다고 무조건 No라고 하는 것도 한국의 인정 문화권에선 쉬운 일이 아니다.

누가 부탁을 하거든 바로 대답을 하지 말라고 권했다. "응, 내 형편이 괜찮은지 좀 생각해보고 전화할게." 일단 이렇게 시간을 버는 게 상책이다. 자기주장Assertive한다고 바로 잘라버리면 욕을 먹을 수 있다. 공격적Aggressive인 언사는 금물이다. 자기주장과 공격적 언사는 구별해야 한다. 영어권에선 상업 언어가 발달했기 때문에 거절을 아주 아름답게 한다. 그러나 한국말은 자칫 No가 공격적으로 들릴 수 있기 때문에 No 소리를 하기 전까지 처치가 필요하다. 내 형편이 되는지 생각해보자고 뜸을 들인 후 "좀 어렵다"고 거절하면 한결 상황이 부드러워진다. 거절을 못 하면 내 인생이 피곤해지고 거절을 '잘못하면' 내 인품에 손상을 입을 수 있다. 그러나 분명한 건 싫은 일을 억지로 떠맡아 할 이유는 없다. 그리고 그 결정은 내가 한다는 사실을 잊지 말아야 한다.

⑪ 인정하고 수용하기

그는 장래가 촉망되는 올림픽 메달리스트였다. 유소년 시절부터 레슬링계 혜성처럼 떠올랐다. 전국 대회는 물론이고 올림픽 예선전에서도 발군의 실력을 발휘하여 주위로부터 큰 기대를 받고 있었다. 그런데 이게 무슨 변인가. 새벽 운동하러 가는 길에 대형 교통사고를 당했다. 병원에서 겨우 목숨은 건졌으나 목의 척추 부상으로 전신을 못 쓰는 일급 장애인이 되었다. 아니, 어떻게 이럴 수가. 그는 자신의 부상을 믿을 수 없었다. 반드시 재기할 거라고 굳게 믿었으나 날이 가도 그의 몸은 꼼짝할 수 없었다. 아무리 아니라고 몸부림쳐야 소용이 없었다. 처음엔 자신의 몸 컨디션을 믿을 수 없었다. 하지만 아무리 부인해도 갈등만 깊어갈 뿐, 힘들기만 했다. 슬프고 화가 났다. 움직일 수 없는 자기 몸을 볼 적마다 차라리 죽고 싶었다. 그는 자살할 계획을 구체적으로 세우기도 했다. 이런 계기로 정신과 상담을 하게 된 청년이었다.

처방: 바꿀 수 없는 일은 바꿀 생각을 하지 않는다

아무리 부인해도 되지 않는다. 이젠 누구 힘으로도 어떻게 할 수가 없다. 자기 컨디션을 있는 그대로 인정하고 받아들이는 수밖에 길이 없다. 몸은 어떻게 할 수 없지만, 마음은 제 마음 먹기에 달렸다. 마음을 잘 다스려야 한다. 그 첫걸음이 자기 컨디션을 솔직히 인정하고 그런 자기 자신을 받아들이는 길이다. 움직이지 못하는 자기 몸을 어떻게 해보겠다고 하는 노력은 아무런 도움이 못되고 마음에 상처만 남긴다.

이런 경우를 생각해보자. 약속 시간은 다 되어가는데 길은 완전히 막혀 모든 차들은 꼼짝을 못 하고 제자리에 서 있다. 고속도로가 아니라 넓은 주차장 같다. 성급한 운전자들이 갓길까지 완전히 막아섰으니 어떻게 해볼 방법이 없고, 중요한 약속 시간은 이미 넘었다. 이럴 때 우리가 할 수 있는 일이 무엇일까? 막힌 길은 어떻게 할 수 없다. 내가 용을 쓴다고 해결될 일이 아니다. 괜한 에너지 낭비이다. 우리가 할 수 있는 건 우리 마음뿐이다. 이건 내가 마음대로 할 수 있다. 길가에 핀 꽃이며 나무, 그리고 아득히 황홀한 낙조가 저녁 하늘을 아름답게 해주고 있다. 약속한 사람과 전화 통화도 하고 의논할 일이 있으면 전화로 얼마든지 할 수 있다. 교통이 막히는 거야 상대도 잘 알고 있을 터. 참아주고 용서해줄 것이다.

어쨌든 우리 힘으로 바꿀 수 없는 일을 바꿀 생각을 하지 않는 게 최선이다. 『평온을 구하는 기도The Serenity Prayer』에 나온 이 구절을 상기하자.

"내가 바꿀 수 없는 건 그대로 받아주시고, 바꿀 수 있는 건 바꿀 용기를 주시고, 이 둘을 구분할 수 있는 지혜를 주십시오."

반(反)세로토닌 환경

우선 24시간 생활 환경으로 인한 야간형 생활인이 많다. 자연 리듬과 생체 리듬의 괴리가 너무 크다. 근로 시간의 연장으로 잔업, 손님 접대, 폭음, 불규칙적인 생활습관 및 식사, 다이어트, 너무 바빠 아침을 거르는 사람. — 이 정도면 세로토닌을 만들 원료 자체가 부족할 수 있다. 운동 부족, 특히 규칙적인 리듬 운동은 절대 부족이다.

다음으로는 컴퓨터가 세로토닌 결핍의 큰 원인이 되고 있다. 컴퓨터를 쓰고 있는 동안 운동 부족은 물론이고 자세도 굽어 있고 자기도 모르게 집중하느라 호흡을 조이는 등 불규칙적이기 때문이다. 게임 중독은 아니라 하더라도 컴퓨터에 빠지면 활동 반경이 좁아져 운동 부족, 수면 부족 등 반세로토닌적 생활이 될 수밖에 없다.

복잡하고 오염된 도심의 생활 환경도 세로토닌에는 대적大敵이다. 요즘은 아예 야외로, 농촌으로 주거지를 옮기는 사람도 적지 않다.

하루를 바꾸는
마법의 호르몬

세로토닌 테라피

(Serotonin Theraphy)

세로토닌 테라피

테라피의 궁극적인 목표는 행복에 있다. 세로토닌을 행복 호르몬이라 부른다. 마음 상태가 행복해지기 위해선 어느 한 가지 방법보다 다양한 방법으로 뇌 전체를 힐링 상태로 만드는 긍정사고, 긍정정서, 재미, 즐거움, 기쁨 등 총체적인 접근이어야 한다. 세로토닌 신경이 뇌 전체에 골고루 분포되어 있는 것만 봐도 행복은 어느 한 가지 정서만으론 되는 것이 아니고 다양하고 복잡한 인지, 정서 과정이 관여하고 있다. 세로토닌 활성 기법 및 치료는 광범위하게 걸쳐 시행된다.

세로토닌은 오케스트라 지휘자 역할을 한다. 따라서 전 뇌에 신경 축색을 뻗치고 있어서 치료나 활성 기법도 전 뇌에 걸쳐 다양하게 실시해야 한다.

최근 뇌 과학계에선 행복 중추가 좌측 전두엽 깊숙이 있는 것으로 추정하고 있다. (예일대, 조 디마지오) 행복하면 그 부위가 활성화되는 것으로 보고하고 있다. 문제는 그 부위를 어떻게 자극하느냐이다. 행복이 어려운 것은 그런 이유 때문이다. 행복은 우리가 추구한다고 오는 것도 아니다. 행복은 우리 마음이 편안하고 더없이 좋은 상태에 놓일 때 그 결과로 오는 것이지, 행복해지고 싶다는 생각만으로 오는 것은 아니다. 뇌 과학적인 해석을 하자면 세로토닌이 분비된 상태가 곧 행복이다. 따라서 세로토닌 분비가 촉진될 수 있는 모든 방법을 다 동원할 수 있어야 한다. 그렇다고 해서 이것이 어려운 일은 아니다. 우리 일상에서 누구나 하고 있고 또 마음만 먹으면 할 수 있는 일이다.

행복의 원천, 세로토닌 신경은 온 뇌에 걸쳐 분포되어 있으므로 전두엽을 비롯한 광범위한 영역에 걸쳐 세로토닌 분비가 촉진될 수 있도록 한다. 물론 이 중 어느 한 영역만 세로토닌적이 된다고 행복이 오는 건 아니다. 어디까지나 뇌 전체가 긍정정서로 넘치고 균형이 잡혀야 한다.

세로토닌 신경 활성화를 위해 세로토닌 신경이 분포된 모든 영역을 따라가면서 활성화 기법을 설명해야 할 것 같다. 앞에서 본 바와 같이 세로토닌 신경은 비록 소수이나 대뇌 전체에 신경가지를 뻗고 있어 뇌 전체의 균형을 잡는 오케스트라 지휘자 역할을 해낼 수 있다. 수적으로 얼마 되지 않는 세로토닌 신경세포가 어떻게 100억~1,000억도 넘는 뇌내 신경세포에 대해 광범위한 영향을 미칠까. 보통의 신경세포가 갖는 시냅스 수는 대체로 1,000개쯤인 데 비해 세로토닌 신경세포의 시냅스는 10만 개도 넘는다. 특히 뇌의 주요 기관인 해마, 편도체는 물론이고 시상하부, 전두피질에까지 광범위한 영향을 미친다.

지금까지 세로토닌에 대한 논의를 다방면에 걸쳐 해왔다. 그러나 세로토닌이 단독으로 기능하는 것은 아니다. 어떤 작은 자극이라도 뇌는 언제나 종합적인 판단을 하게 된다. 그러기 위해선 뇌의 여러 기관과 많은 회로가 협업해야 한다. 특히 세로토닌 기능은 긍정적인 평상심 유지를 해야 하므로 인간 최고의 사령탑인 전두엽과는 밀접한 연관을 가지고 있다. 전두엽이 있어 인간이 인간다워진다. 따라서 대단히 고급스럽고 민감한 부위다. 가령 편도체는 원시 감정 그대로이기 때문에 화가 나거나 공격적이거나 원시적인 감정을 있는 그대로 표출한다. 때로는 이것이 아주 위험할 수도 있어서 그대로 표출되지 않게 순화시키는 곳이 전두엽이다. 사랑, 우애, 자존심, 수치심, 긍지, 명예, 인기, 체면 등의 감정은 편도체에서 표출된 원시 감정을 보다 세련되고 고급스럽게 다듬은 이차적인 감정이다. 감정의 고급화랄까, 이런 순기능을 전두엽이 수행하는 데도 세로토닌이 깊이 관여하고 있다는 것은 쉽게 알 수 있다. 세로토닌 부족으로 이런 기능이 약화하면 편도체가 원시적 감정을 폭발시켜 끔찍한 사고를 일으킬 수도 있다.

세로토닌은 여기서 그치지 않고 신피질에 고민, 근심, 스트레스, 번민 등의 부정적인 감정이 있을 때는 신피질의 기능을 살짝 억제함으로써 밝고 긍정적인 쪽으로 순화시켜준다. 세로토닌 활성화를 위해선 전두엽과 긴밀한 협업을 바탕으로 진행해야 한다. 실제 임상에서는 아래 나온 내용처럼 전두엽 관리와 세로토닌 활성 기법이 중첩된 경우도 많다. 굳이 구별하지 말고 세로토닌, 전두엽을 함께 생각해도 틀리지 않는다. 그 편이 더 순리적이다. 이것은 치료적 측면에서 '인지 행동 요법Cognitive Behavioal Therapy'으로 널리 불려지고 있다.

우리는 앞 장에서 세로토닌을 증가시키는 여러 가지 방법을 배운 바 있다. ① 햇빛 ② 리듬 운동 ③ 식사를 충실히 ④ 잘 씹어먹기 ⑤ 복근 호흡 ⑥ 감사 기도 ⑦ 밝은 미소 ⑧ 스킨십, 그루밍 등 행동 요법과 인지 요법이 두루 망라되고 있다.

그간 힐리언스 선마을에서 세로토닌 요법을 실시해온 임상 경험에 의하면 어느 한 가지 기법에만 의존하는 것보다는 여러 가지 기법이 합성된 다원적 접근이 효과적이었다. 심리 상담가에게는 익히 알려진 다양한 기법들이 동원된다.

특히 세로토닌 결핍 증후군을 치료하는 데 있어 자주 사용된 기법 몇 가지는 미리 기술해두는 게 참고가 될 것이다.

합리적 정서 행동 요법(Rational Emotive Behavior Therapy)

앨버트 엘리스Albert Ellis가 제창했다. 난해한 정신분석적 기법 대신 실질적이고 현실에 바탕을 둔 기법이다. 환자들이 세로토닌 결핍 상태를 더 악화시키는 요인 중의 하나는 자신의 상태를 합리적으로 생각하지 못하는 데 있다.

'재수, 삼수를 해도 떨어졌다. 난 안돼. 무능해. 이래서야 어떻게 앞으로의 인생을 살아갈 수 있겠어. 차라리 죽자.' 누가 들어도 말도 안 되는 생각이다.

이런 환자를 만났을 적에 제일 먼저 해야 할 일은 환자의 비합리적 사고부터 지적하여 교정하면서 세로토닌 활성 기법을 병용하는 일이다. 환자의 문제는 비합리적인 생각에서 비롯된다. 이것은 세로토닌 결핍에서 야기된 문제일 수 있고 또 이런 비합리적 생각이 세로토닌 결핍 상태를 더 악화시킬 수도 있다. 이 환자의 어디가 비합리적인가.

① 삼수에 떨어졌다고 또 떨어질 것이란 생각

② 응시했으면 반드시 합격해야 한다는 생각

③ 입시에 떨어졌으니 무능한 것이다, 죽자는 생각

합리적으로 생각한다면 어떨까?

① 두 번 떨어졌다고 다음에 또 떨어질 거라고 생각하는 건 합리적이지 못하다. 또 떨어질 수도 있지만, 합격할 수도 있다.

② 합격하면 좋겠지만 떨어질 수도 있다. 반드시 해야 한다는, 소위 'Must 병'은 안 된다.

③ 시험에 떨어졌다고 모든 면에서 무능하다는 건 비합리적이다. 시험을 못 쳐도 다른 데서 재능을 발휘할 수도 있다.

세로토닌 치료가 본격화되기 전에 이런 비합리적 사고부터 교정되어야 한다. 이게 안 되는 이상 어떤 치료도 먹혀들지 않는다.

이건 마치 로고테라피를 시행하기 전에 인생관, 가치관, 우주관부터 교정한 후 비로소 로고테라피 수순으로 넘어가는 이치와 같다. 앞으로 전개될 본격적인 세로토닌 테라피에 앞서 환자의 잘못된 생각, 인지적 과정을 교정한 후 실시해야 한다. 첫 단추를 잘채우는 것이다. 비합리적인 생각이 머리에 고착되어 있는 이상, 어떤 테라피도 먹혀들지 않는다. 우리가 세로토닌 테라피에 앞서 합리적 인지 행동 요법부터 설명해야 하는 이유다. 실제 임상에서는 이 과정이 더 힘든 경우도 많다.

역설지향 기법(Paradoxical Intention)

세로토닌 결핍 증후군의 대표적인 증상이 강박증이다. 손을 하루에 열 번을 씻지 않으면 안 된다. 문을 잠가도 열 번을 확인해야 한다. 도박에 한번 빠지면 헤어나지 못한다.

강박증 환자는 특정 행동을 하지 않으려고 무던히 애를 쓰지만 결국 또 하고 만다. '대문을 잠갔다. 확인했다. 이제 자자. 옷을 벗고 누웠는데 아무래도 단단히 한 것 같지 않다.' 강박증 환자는 마음속이 두 파로 갈라진다. 다시 한번 확인하자는 증상파와 확인했으니 됐다는 건강파로 갈린다. 둘이 서로 싸운다.

'다시 한번 vs 됐다, 그만.' 그러나 결국 증상에 지고 만다. 옷을 다시 입고 귀찮지만 다시 나가 확인한다. 됐다. 아이, 시원해. 다시 잠자리. 그러나 시간이 조금 지나면 아무래도 고리를 안 내린 것 같다. 증상이 슬슬 고개를 들기 시작한다. 물론 건강한 쪽은 '됐다, 그만 자자······' 하지만 증상이 더 강해 결국 일어나 또 확인한다. 이걸 하룻밤에 최소 다섯 번은 해야 잠을 잘 수 있다. 되풀이하지 않으려고 아무리 애써봐야 결국 증상에 굴복해 또 확인하러 나가야 한다.

이때 동원되는 게 역설지향 기법이다. ① 안 하려고 애쓰지 말자. (결국 지는 싸움인데) ② 오히려 더 해라. (다섯 번보다 열 번을 체크해라.) 환자는 다섯 번으로 충분한데 열 번을 하라니, 이해가 잘 안 된다. 그러나 그렇게 함으로써 나는 증상에 지는 사람이 아니고 증상을 컨트롤할 수 있는 사람이라는 자신감이 생긴다. 이 기법을 쓰면서 세로토닌 활성 기법을 병용함으로써 치료 효과를 올릴 수 있다.

의미치료(Logo Therapy)

빅터 프랭클이 제2차 세계 대전 당시 나치 포로수용소 생활을 겪으면서 터득한 삶의 지혜다. 인간은 아무리 하찮은 일을 해도 거기엔 숭고한 인생의 의미가 있다는 걸 그는 증명하고 있다. 그 의미를 발견하고 체득한 이상 인간에겐 희망이 있다. 그리고 그 힘은 어떤 악조건이나 역경에도 이겨낼 수 있는 생명력이 있다.

한 노인이 찾아왔다.

"아내가 죽은 후 너무 괴로워 살 수가 없습니다."

"그렇지요. 그러나 당신이 먼저 죽었다면 어떻게 되었을까요?"

"안 됩니다. 아내는 이 엄청난 고통을 혼자 감당해내지 못합니다."

"그렇지요. 당신은 아내의 고통을 대신하고 있습니다. 당신의 고통에는 아내에 대한 절절한 그리움과 사랑이 있습니다."

노인은 조용히 눈물을 거두고 한결 편안한 얼굴로 돌아갔다. 역경에도 의미가 있다. 그걸 읽어낼 수 있는 슬기가 있어야 한다.

아무리 스스로가 하찮은 일을 하는 것 같더라도, 자신을 하찮은 사람으로 폄하하더라도 그런 인생 역시 그만이 할 수 있는 일이 있다. 세상 누구도 대신할 수 있는 일이 아니다. 그런 의미에서 자부심을 가져도 좋다.

행복도 배워야 합니다

세로토닌과 운동

세로토닌 활성 기법에서 중요한 것이 리드미컬한 운동이다. 세로토닌 분비 및 활성화에 효과가 증명된 운동 기법을 소개한다.

걷자(Walking)

치매에 걸리고 싶은 사람에게 낭보가 있다. "당신이 지금 하는 생활을 그대로만 계속하면 치매는 따놓은 당상이다." 물론 여기서 당신이란 지금 한국인의 생활 습관을 그대로 하는 사람을 말한다.

치매가 노인이 되면 온다는 것은 옛날이야기다. 치매의 원인은 나이가 아니라 잘못된 식습관과 함께 뇌를 자극하지 않는 게으른 생활에서 온다. 우리는 지금까지 세로토닌을 중심으로 뇌의 활성 기법에 대한 많은 논의를 해왔다. 그중에서 가장 추천하는 방법은 단연 워킹Walking이다. 걷기는 생명 운동 중추인 간뇌를 자극함으로써 리듬감 있는 운동을 통해 세로토닌 분비를 촉진한다. 리듬감과 강도가 적당해서 뇌를 자극하는 데 가장 적절한 운동인 걷기는 치매 예방에도 최고다.

걷기는 뇌 건강뿐만 아니라 문제 해결력을 높여주는 방법이기도 하다. 책상에 앉아 문제가 안 풀릴 때 당신은 어떻게 하는가? 그대로 끙끙대고 앉아 있진 않을 것이다. 일어나서 방 안을, 혹은 뜰을 서성인다. 절로 그렇게 된다. 그게 인간의 본성이기 때문이다. 유명한 사상가와 철학가들이 산책을 즐겼던 이유를 아는가?

워킹은 여기서 그치지 않는다. 세로토닌의 적, 스트레스와 피로를 해소하는 데 결정적인 역할을 한다. 스트레스로 인해 세로토닌이 제 기능을 하지 못하면 쉽게 좌절하고 우울증에 빠진다. 처방은 지금이라도 약화된 세로토닌 기능을 강화하는 것이다. 이 간단한 처방이 현대인에게 먹혀들지 않는다. 해답은 평소 생활을 세로토닌적으로 하는 방법밖에 없다. 그중 가장 손쉬운 방법이 워킹이다. 혼자도 좋고 여럿이 함께해도 좋다. 문제의 스트레스 회로가 완전히 해체된다. 워킹보다 좋은 스트레스 해소제는 별로 없다. 온몸에 기운이 넘쳐나고 의욕적으로 된다.

그러나 스트레스가 너무 크거나 장기간 계속될 때는 문제다. 뇌에는 위기관리 센터가 작동하여 과하게 분비된 스트레스 호르몬, 노르아드레날린에 대처하기 위해 방어 호르몬인 코르티솔을 분비한다. 하지만 여기에도 한계가 있다. 작심삼일, 오래가지 못한다. 방어 호르몬이 바닥났는데도 계속 스트레스 상태에 머물면 소위 완전 연소 증후군에 빠진다. 생명이 위험할 수 있다. 처방은 워킹이다.

이태리, 스페인 등 지중해 연안 사람들은 저녁 식사 후 좋은 사람들과 함께 즐거운 담소를 나누며 시내를 천천히 걷는 습관이 있다. 이를 파세쟈타Passeggiata, 산보라 부르는데 미드나잇 블루Midnight Blue라 부르는 아름다운 저녁 하늘 아래 그런 그룹을 보는 것만으로도 즐겁다.

그리고 주차는 멀리! 문까지 100m는 걸어야 차 안에 갇혀 있던 하지 울혈이 풀린다.

5분만 걸어도 행복해진다

믿기지 않겠지만 단 5분만 걸어도 행복해진다. 이것은 실증된 뇌 과학적 결론이다. 아침이면 더욱 좋고, 점심시간도 괜찮다. 딱 5분만 걸어라. 태양, 하늘, 바람, 나뭇잎을 보고 느끼면 순간 긴장이 풀리고 마음이 가벼워진다. 아! 참 좋다. 상쾌하다. 세포의 외침이 들린다.

"설마, 그럴 리가! 난 그런 경험이 없는데……."

당신만이 아니다. 그렇게 말하는 사람이 적지 않다. 딱하게도. 내가 이 책을 쓰는 건 그래서다. 딱 5분이다. 정말 기분이 사뿐하고 행복해진다. 단, 한 가지 조건이 있다. 그냥 걸으면 안 되고 하나하나의 느낌에 주의를 기울여야 한다. 마음을 가다듬어야 한다. 뺨을 스치는 시원한 바람, 푸른 하늘, 눈부신 태양, 나뭇잎의 흔들림, 매미 소리…… 아! 참 좋다. 이 말이 절로 나온다. 걸음이 상쾌하다. 하늘을 날 것 같다. 사뿐히 대지를 걷는 내 발걸음 하나하나가 경쾌하다.

고맙다. 이렇게 내 두 발로 걸을 수 있다는 것, 새소리를 들을 수 있다는 것…… 생각할수록 나는 축복받은 사람이다. 아, 고맙다. 자연스레 리듬을 타고 걷게 된다. 호흡도 자연스럽다.

이 순간 대뇌에선 어떤 일이 일어나고 있을까? 우선 대뇌 피질의 기능이 살짝 억제된다. 온갖 고민이나 갈등, 시기, 질투, 화, 스트레스가 잠시 가신다. 조금 전 상사한테 혼난 일, 자존심 상한 일까지 잠시 잊혀진다.

"어떻게 그럴 수가 있을까?"

의문이 들겠지만 생각해보라. 대뇌는 한 번에 두 가지 일에 집중할 수 없게 되어 있다. 뺨을 스치는 시원한 바람에 온 신경과 온 세포가 상쾌한 느낌으로 가득한데, 그 순간 다른 생각이 날 리 있겠는가. 명상을 한 번이라도 해본 사람이라면 이런 상태를 쉽게 이해할 수 있을 것이다.

'명상 보행'이라는 말을 쓰는 것도 이런 상태로 걸으면 명상의 경지와 별다르지 않기 때문이다. 이 순간, 뇌 신경세포의 소포에서 세로토닌이 터져 나온다. 걷기만 해도 이 귀중한 신경전달물질이 분비되어 어느 정도 상쾌한 기분이 되지만, 주의를 기울여 마음을 가다듬어 걸으면 정말 행복을 느낄 만큼 기분이 더욱 상쾌해진다. 이게 실증된 뇌 과학의 결론이다.

5분의 걸음이 어떻게 이런 기적 같은 일을 만들어낼 수 있을까?

우선 걷기 위해선 일상의 공간을 떠나야 한다. 새로운 환경에서 새로운 자극을 받으면 뇌 속에 새로운 회로가 생긴다. 일단 하는 일을 접고 나온다는 것만으로도 해방감이 들면서 스트레스가 가신다. 이게 기분 전환을 가져다준다. 그리고 침침한 방에서 나오면 밝은 태양 빛이 직접 망막을 자극해 세로토닌 분비를 촉진시킨다.

책상 앞에 앉아 있던 웅크린 자세가 걸을 때는 반듯해진다. 이것만으로도 세로토닌 분비가 촉진된다. 거기다 바람과 하늘을 느끼면 감정 뇌인 대뇌변연계의 편도체가 자극되어 쾌적 물질인 도파민이 분비되면서 활력이 넘친다.

다시 한번 말하지만, 주의를 기울여 5분만 걸어라. 행복해진다.

계단아, 반갑다

계단을 오르면 건강이 오른다. 이는 상식이다. 그런데도 지하철 에스컬레이터 앞엔 긴 줄이 늘어서 있고, 바로 옆 넓은 계단은 텅 비어 있다. 모두들 계단 공포증에 걸려 있다. 계단을 오르면 무슨 큰일이라도 날 것처럼 두려워한다. 5개 층 100계단만 올라도 당장 60칼로리는 소비할 수 있다. 여성들은 지하철, 사무실, 아파트 등 에서만 걸어도 하루 소비 열량 200칼로리는 너끈하다.

세계 장수촌은 모두 250 고지 비탈길에 있다는 사실을 아는가. 이웃집에 가든 밭에 나가든 언덕을 오르내려야 하니 절로 숨이 차 깊은 호흡을 하게 된다. 바로 세로토닌 호흡이다. 게다가 하지 근 육 단련에 칼로리 소비까지, 더 이상 무얼 바랄까.

산 정상에 올라 물 한 잔 마시고 앉아 땀을 식히며 쉬노라면 격 한 흥분이 가시고 호흡도 조용해지면서 그제야 상쾌함이 아련히 밀려온다. 아, 그 기분! 세로토닌 상태다. 마음이 그지없이 편안하 다. 뻐근한 다리가 오히려 기분 좋게 느껴진다. 참으로 상쾌한 피 로다. 마냥 이대로 있고 싶다. 아, 이 잔잔한 감동. 계단을 오르는 기분을 이해할 수 있을 것이다.

도시에 계단이 있는 게 위안이요, 선물이다. 하지만 마의 승강 기가 등장하면서 건강과는 거리가 멀게 되었다. 계단은 빌딩 한구 석에 겨우 숨어 있다. 이젠 계단이다. 창고로 쓰지 말고 아름답게

행복도 배워야 합니다

가꾸자. 계단이야말로 공짜로 쓰는 운동 기구이자, 세로토닌 제조기다.

명심하라. 계단을 오르면 건강도 오른다. 계단을 만나거든 "아, 여기에 계단을 만들어 놓았네. 계단아, 반갑다!"라는 소리가 절로 나와야 한다. 그리고 이게 진심이어야 한다.

소크라테스 워킹

소크라테스 워킹. 내가 붙인 이름이다. 근사하지 않은가. 항상 쫓기며 사는 현대인에게 권하고 싶다. 그냥 걷는 게 아니라(당신에겐 그 시간도 아까우니까) 한 가지 주제를 갖고 걷자는 것이다. 당면한 문제를 머리에 넣고 걸어보자. 간단한 필기도구를 끼고 걸으면 문제 해결의 실마리가 연동連動되기 쉽다.

난 '연동'이란 말을 좋아한다. 실제로 이 말은 문제 해결이나 발상에 유용하다. 뇌 과학에선 이를 '체인 어소시에이션Chain Association'이라고 부른다. 한 가지 힌트만 떠올라도 그에 따른 아이디어들이 잠재의식 속에 숨어 있다가 고구마 줄기처럼 줄줄이 따라나오는 현상이다.

이렇게 작은 힌트가 연쇄 반응을 일으켜 끝내 해결책을 찾아내게 된다. 문제는 힌트다. 일단 '이걸 생각하겠다'라는 목적이 분명해야 한다. 그리고 연상을 일으키기 위한 여러 가지 큐를 준비한다. 가령 '이 골목을 걸을 때 생각이 잘 떠오르더라'하는 식이다. 내게는 덕수궁 돌담길이 그러하다.

가방을 드는 순간 아이디어가 떠오를 때도 있다. 이것도 큐가된다. 신발이나 모자 등도 훌륭한 자극제가 된다. 파이프를 물어야 글이 잘 써지는 작가도 있고, 스틱을 들어야 악상이 잘 떠오르는 작곡가도 있다.

요즘 내겐 힐리언스 선마을 세로토닌 오솔길이 지상 최고의 사색용 길이다. 여기가 내겐 창조의 산실이다. 언제까지 어떻게 하겠다는 목적이 분명할수록 머리는 더 잘 돌아간다. 시간 압박이 있으면 연상 속도가 빨라진다.

특히 일에 쫓기는 당신에겐 아무 생각 없이 멍청하게 걷는 것도 좋은 치유제이고 생활에 악센트가 될 수 있다. 하지만 그 시간도 아깝다는 사람에겐 소크라테스 워킹을 권하고 싶다. 사무실에 웅크리고 앉아 끙끙대는 것보다 훨씬 더 효율적이다. 인생 여정에서 이런 '멋진 길'이 있다는 것은 행운이고 축복이다. 당신의 인생이 한결 더 멋지고 화려해질 것이다.

좋은 아이디어가 떠오르면 길가 벤치에 앉아 바로 적어야 한다. 그 순간을 놓치면 영영 돌아오지 않는 게 창조적 아이디어의 약점이다. '나중에 카페에 앉아 적어야지……' 한데 시간이 지나 자릴 잡고 앉으면 그 아이디어는 까맣게 달아나버린다. 아무리 생각해도 생각이 안 난다. 너무 아쉽고 화난다. 정말 좋은 아이디어였는

데 이제 와서 후회해봐야 소용없다.

여자들의 핸드백처럼 항상 가방에 노트를 준비하고 다녀야 한다. 아이디어란 확실한 형태로 나타나진 않는다. 희미한 안개 속 그림 같다. 그러기에 기억 세계에 남을 리가 없다. 잠재의식의 용광로에서 잠시 얼굴을 내밀었다가 다시 무의식 속에 잠겨버린다. '바로 적을 것!' 자칫 세로토닌이 노르아드레날린으로 바뀔 수도 있다. 그 좋은 아이디어가 사라졌으니 화가 나서.

걸으면 문제가 풀린다

문제가 풀리지 않을 때, 복잡한 일들이 엉켜 결론이 나지 않을 때, 기획은 해야 하는데 좋은 아이디어가 떠오르지 않을 때 당신은 어떻게 하는가? 풀릴 때까지 책상 앞에 버티고 앉아 끙끙대진 않는가?

이럴 때는 밖으로 나가야 한다. 일단 장소를 바꾸면 뇌의 회로가 달라지기 때문이다.

책상, 컴퓨터, 기획서, 책, 노트…… 문제가 안 풀릴 때는 보기만 해도 골치 아픈 것들이다. 이것들 속에서 아무리 끙끙대봐야 뇌는 계속 같은 회로를 맴돌기만 한다. 문제가 풀릴 수도 없고 새로운 아이디어가 떠오를 수도 없다. 일단 뇌 회로가 바뀌어야 한다.

밖으로 나와 찬바람을 쐬는 것만으로도 무겁던 머리가 가벼워진다. 대뇌의 본능적 반응이다. 그러다 보면 마음이 편안해진다. 사무실의 무거운 압박에서 벗어나 홀가분한 느낌이 든다. 사무실의 경쟁적인 분위기에선 교감 신경 흥분, 이성, 지성을 총동원해 머리를 써야 한다. 이러한 좌뇌적이고 의식적인 노력으로는 아무리 용을 써도 새로운 아이디어는 떠오르지 않는다.

머리를 부드럽게 해야 한다. 유연성과 융통성이 있어야 뇌 속에 새로운 게 들어설 자리가 생긴다. 밖으로 나오는 것만으로도 축복이다. 오감이 열리면서 우뇌가 열린다. 여기가 창조의 보고다.

우뇌는 감성적이고 직관적이다. 좌뇌의 현실적이고 합리적인 의식적 계산과는 달리, 우뇌는 잠재의식의 세계다. 잠재의식이 열려야 새로운 아이디어가 떠오른다. 이런 순간을 뇌 과학에선 '플래시'로 표현한다. 이때 새로운 창조의 싹이 튼다. 오감이 열리면서 우뇌가 열리고 잠재의식 속에서 영감이 떠오른다.

창조의 과정은 이렇게 진행된다. 좌뇌의 현실적 견제가 약해진 상태, 즉 좀 멍청한 상태에서 문득 좋은 아이디어가 떠오른다. 잠들기 전, 혹은 자다 말고, 아니면 술 한잔 마시고 터덜거리며 집으로 돌아가는 길에 생각지도 않던 좋은 아이디어가 불현듯 떠오른다. 물론 생각을 하지 않은 것은 아니다. 오랫동안 잠재의식 속에서 진행되어 온 고민이다. 그 고민이 이렇듯 한순간에 풀리는 것이다. 걸으면 세로토닌 분비가 된다는 사실을 잊지 마라.

위인들의 전기를 읽다보면 걷기가 창조에 얼마나 큰 공헌을 하는지 잘 알 수 있다. 아인슈타인의 상대성 원리도 걷는 중에 떠오른 생각이고, 톨스토이와 헤밍웨이는 방 안을 서성이며 원고를 썼다.

걷자, 합리적인 대화를 위해

즐거운 산책을 마치고 돌아오는 사람은 얼굴부터가 다르다. 화색이 감돌고 편안한 얼굴이다. 이것을 나는 '세로토닌 페이스'라고 부르고 있다. 행복한 얼굴이다. 이런 사람 주위에는 사람이 많이 모인다. 인간관계가 좋아질 수밖에 없다.

아이를 타이를 때도 걸으면서 해보자. 한결 설득력이 있다. 함께 걸으며 싸우는 사람은 없다. 다른 사람들이 보기 때문만은 아니다. 리듬 운동으로 마음이 편안해지기 때문이다. 방 안에서 꾸중을 할 때는 언성이 높아지고 장광설이 되기 쉽다. 함께 걸으면서 이야기하자. 어깨동무라도 하면 더 좋다. '너를 믿는다', '너를 아낀다', '너를 사랑한다'는 표시다. 이런 스킨십만으로도 세로토닌이 분비되어 아이의 마음이 편안해진다.

함께 걷는 것은 같은 곳을 향해 함께 가는 일이다. 전향적, 희망적, 긍정적인 마음 상태다. 이에 더해 리듬 운동에다 군집 본능까지 충족되면 서로 간의 깊은 동료애나 신뢰감이 울렁이는 것을 느낄 수 있다. 믿음직하고 든든하다. 무슨 일이든 할 수 있고 될 것 같다. 이게 세로토닌 상태요, 평화로운 데모 행진의 심리 기전이다.

그러나 어떤 계기로 대열이 흐트러지고 걸음이 빨라지면서 달리기라도 하는 것처럼 되면 그만 세로토닌이 중단되고 노르아드레날린 상태로 스위치가 바뀐다. 흥분되기 시작하며 자칫 파괴적이고 폭력적으로 변할 수 있다. 평화스러운 데모 행진도 경찰 저지선을 만나는 순간 공격적이 되고 물리적 충돌을 빚는다. 이렇게 되면 세로토닌의 조절 기능이 상실되고 걷잡을 수 없는 흥분 상태가 되면서 공격적으로 변한다.

조용히 차분하게 합리적 대화를 나누며 천천히 걷자. 이런 순간 세로토닌이 분비되어 마음도 물론 차분해진다. 대화를 해도 톤이 높아지거나 공격적인 언사를 쓰게 되질 않는다.

세로토닌 워킹

지금까지의 워킹이 주로 몸을 위한 것이었다면, 세로토닌 워킹은 마음도 좋게 하는 심신心身 운동이다. 세로토닌은 걷기만 해도 분비되지만, 이를 더욱 활성화하기 위해선 뇌 과학적 기법이 필요하다.

아프리카에서 사냥을 떠나는 원주민을 상상해보라. '많이 잡아야지, 가슴이 설렌다, 어디에 숨었을까?' 주의를 집중한다. 저기다! 사뿐사뿐 숨을 죽여 다가간다. 인류의 세로토닌 워킹은 이렇게 시작된 것이다. 이를 체계적으로 정리해보면 다음과 같다.

- 평소보다 조금 빠르다 싶게, 보폭도 약간 넓게 걷는다.
- 가슴을 펴고 허리와 등은 반듯하게 한다.
- 호흡은 아랫배로 보조를 맞추어 세 번 내쉬고 한 번 들이마신다.
- 뺨을 스치는 바람, 낙엽 밟는 소리 등에 주의를 집중한다.
- 잘 안 되면 MP3로 세로토닌 음악에 집중한다.
- 이대로 5분만 걸으면 행복 물질 세로토닌이 분비되고, 15분 후에는 최고조가 된다.

세로토닌 음악은 세로토닌 문화 홈페이지 www.serotonin.co.kr를 방문, 자료실에서 세로토닌 워킹 음악을 다운 받으면 된다. (본 정보는 세로토닌 음악 운영 책임자인 아리타 교수의 동의를 받고 공개하는 것이다.)

조킹(Joking)

① 조깅하듯+걷는 스피드로
② 걸어가듯 달리기, 달려가듯 걷기
③ 발 앞쪽(엄지발가락 연결 부위)부터 착지
④ 보폭을 좁게 하고, 양발을 평행으로
⑤ 뒤로 차듯 말고 튕기듯

⑥ 호흡은 자연스럽게

⑦ 웃는 얼굴, 대화 가능

⑧ 배를 안으로 밀어넣고. (draw in 자세)

⑨ 턱을 들고, 허리를 펴고, 어깨를 약간 뒤로

* 효과

① 착지 시 충격이 조깅의 1/3이다.

② 에너지 소비가 워킹의 2배이다.

③ 어떤 신발로도 가능하다.

④ 실내 거울 앞에서 제자리걸음으로 해보라.

하지근육의 움직임

↓

거울 피드백(Feed-Back) 5분

↓

종아리가 뻐근하고 상쾌하다

↓

기분 좋게 아파, 세로토닌이 증가한다

행복도 배워야 합니다

프리 워킹(Free Walking)

① 짧게, 자주 하는 것이 원칙이다.

② 기분 좋은 시간에, 기분 좋은 만큼, 기분 좋은 길로, 즐겁게 걷는다.

③ 배를 안으로 밀어넣는 자세로 세 가지 걷기를 섞어가며 하되, 각 5분씩만 해도 효과 만점이다. (세로토닌 워킹+조킹+프리 워킹)

④ 빠른 운동보다 느린 운동이 지방 연소에 효과적이다.

⑤ 빠른 운동은 지방보다 '당'을 연소한다.

⑥ 지치도록 하지 않아야 노화 방지가 된다.

⑦ 운동은 뇌를 위해(운동 후 사뿐) 한다.

자연 명상

우리는 그간 자연과 너무 멀어졌다. 산업화, 도시화와 함께 모두들 농촌을 떠나 대도시로 몰려들었다. 이것이 우리를 불행하게 만들고 있다. 인간은 자연과 멀어지면서 불행하고 건강에 문제가 생기기 시작했다. 선마을이 깊은 산속에 설립된 것도 도시인에게 자연을 가까이 느낄 시간을 마련해주기 위해서다. 선마을에 오는 모든 고객에게 빠지지 않는 프로그램 중의 하나가 자연 명상이요,

이것이 가장 인기가 있다.

자연 명상은 자연 속을 여기저기 옮겨 다니며 하는 명상이어서 엄격한 명상과는 달리 동적인 측면이 많다. 몇 장면만 소개한다.

① 입산 의식을 치르겠습니다

우리 조상은 대대로 산을 의지해 살아왔다. 산나물부터 땔감, 물, 식재료까지 우리에게 산은 생명 그 자체다. 우리 조상에겐 영산 신앙이 돈독할 수밖에 없다. 산을 신령스런 곳으로, 무한한 외경심으로 바라보곤 했다. 나물 한 뿌리를 뜯어도 한없는 감사와 함께 조심스러웠다. 삶의 터전을 함부로 할 순 없었다. 우리 조상은 진짜 산신령이 있는 것으로 믿었다. 등산이란 말도 쓰지 않았다. 입산, 즉 산에 든다고 했다. 엄마 품처럼 포근한 품 안에 안겨 순한 어린이가 되었다. 산을 아끼고 사랑하는 마음이 각별할 수밖에 없다.

"여름에 낫을 든 자는 산에 들게 하지 말 것이며 코가 작은 그물을 든 자는 개울에 넣지 말라."

다산 선생의 어록에 나오는 엄중한 경구다. 요즈음 개발에 굉음을 울리는 불도저광이 들었으면 좋겠다. 산을 내 몸 아끼듯 소중히 가꾸라는 뜻이다.

우린 이제 이 고마운 산에 들려고 한다. 한없는 외경심과 고마움을 가슴에 가득 담고 입산하도록 하자.

산에 들면 몇 가지 과제가 있다. 무엇보다 우리는 산에의, 자연에의 외경심, 감사함을 다시 한번 일깨워야 한다.

- 자연을 느끼는 시간이다. 그냥 보고 듣고 좋다는 것만으로는 감동이 일어나지 않는다. 온몸에 전율이 올 정도의 감동이라야 뉴런의 소포에서 감동 물질이 터져 나와 온몸의 세포에 감동 반응을 일으킬 수 있다.

- 자연과 인간을 생각해보는 시간이다. 생각할수록 자연에게 미안하고 부끄럽다.

- 자연과 조용히 대화를 나누어보는 시간이다. 마음의 문을 열고 조용히 대화해보라. 자연은 우리의 상상을 초월할 만큼 감응이 예민하다는 것을 알 수 있다.

- 자연과 하나 되는 시간이다. 이런 과정을 통해 우리는 자연과 하나가 된다. 그리고 우주와의 일체감을 갖게 된다. 우주의 삼라만상은 떨어져 있는 것 같으면서도 서로가 이어져 있음을, 우리는 모두 하나임을 확인할 수 있다.

- 자연 속에서 나를 만나는 시간이다. 하루 생활에 쫓기다 보면 내가 지금 어디로 가고 있는지, 이대로 가면 되는 것인지, 이게 정녕 내가 원하는 인생인지 생각해볼 여유가 없다. 잠시 걸음을 멈추고 한 번쯤 자신을 돌아보는 시간을 갖자는 것이다.

- 자연의 정기를 듬뿍 받는 시간이다. 숲속엔 신령스런 우주의 정기로 가득하다. 가슴 가득 깊이 호흡하노라면 온몸이 우주

199

PART 4. 세로토닌 테라피 (Serotonin Theraphy)

의 정기로 샤워를 하는 느낌을 받게 된다. 지치고 활력을 잃은 60조 개의 세포 하나하나가 신선한 기운으로 넘쳐나는 걸 느낄 수 있다. 이게 자연력이다. 위대한 우주가 인간에게 주는 선물이다. 자연의 축복 속에 의미 있는 시간이 되길 바란다.

② 여기저기 옮겨 다니며 자연을 있는 대로 느끼고 자연과 하나 되는 시간을 갖는다. 숲, 바위, 여울물 소리, 바람, 꽃, 새, 나무 그리고 맨발로 대지를 밟고 누워 하늘을, 낙엽을 밟으며 대우주의 순환 원리를 익힌다. 이러고 다니노라면 얼추 두 시간은 된다. 그리곤 조용히 하산의 의미를 되새기며 내려온다. 그중 몇 가지만 소개한다. (자세한 내용은 졸저 『산으로 가면 깨닫는 것들』 참조)

－누워 보세요
낙엽 위에 편안히, 큰대자로 누워보라. 낙엽의 포근한 감촉이 엄마 품처럼 아늑하다. 낙엽의 속삭임이 엄마의 자장가처럼 평화롭게 들린다.
광대무변한 하늘을 쳐다보라. 답답한 가슴이 활짝 열린다. 저 하늘의 끝은 어디일까 찾아보자. 보이는가? 그러면 그 다음은……? 철학은 하늘을 쳐다보다 생긴 것은 아닐까? 누워서 하늘을 올려다보면 누구나 철학가가 되는 기분이다. 결코 나쁘지 않은 기분이다. 이리저리 흩어졌다 다시 모이고 한가로이 유유히 떠가는 구름! 그들의 우아한 몸짓을, 춤을, 노래를 그리고 그들의 이야기를! 그들과 함께 끝없이 먼 하늘가로 떠나보자. 거기엔 시간도 공간도 없다. 하늘, 구름 그리고 우리는 하나가 된다. 그러고는 그들의 부드럽고 푸근한 품에 안겨 어린이처럼 흥얼거려보자. 내 삶이 얼마나 풍요롭고 평화로운가를 느껴보자.

"하늘아, 고맙다!" 이 말이 절로 나오게 된다. 크게 한번 외쳐봐도 괜찮다. 그럴 때면 하늘이 응답을 한다. 우주는 모든 걸 조화롭게 만드는 힘이 있다. 그러기에 지구도, 자연도, 인류도 수억 년을 면면히 이어져 오고 있다. 그게 우주의 질서요, 원리이다. 우린 그걸 믿고 있다. 때론 심술궂을 때도 있다. 기상 이변으로 엄청난 재앙을 만들 때도 있다. 그것도 우주의 질서요, 순환 원리다.

하지만 그건 잠시일 뿐, 지금의 저 푸른 하늘, 평화로운 구름을 보라. 우주는 이렇게 '모든 게 잘 되도록 되어 있다.' 우리는 이 위대한 힘을 믿어야 한다. 땅 위의 인간사도 예외가 아니다. 빅터 프랭클은 이를 로고스라 불렀다.

독수리 한 마리가 창공에 유유히 떠 있다. 하늘을 믿기 때문이다. 하늘과 하나이기에 기류를 타고 유유히 날 수 있는 것이다. 아무리 무서운 태풍도 오래 불지 않는다.

－자연의 순리

떨어진 낙엽을 모아보라. 낙엽을 한 줌 쥐고 부드러운 촉감을 느껴보자. 냄새도! 이제 머지않아 낙엽들은 썩어 다시 땅으로 돌아간다. 자연의 순환 질서를 조용히 눈감고 지켜보라. 낙엽이 지면 뿌리로 돌아간다. 다시 흙으로 돌아가는 게 자연의 순리이다. 대우주의 순환 원리 앞에 인간이라고 예외가 아니다. 그러나 낙엽귀근은 단순한 순환론이 아니다. 죽은 자기 몸은 오직 작은 자기일 뿐, 보다 근원적이고 모적인 자연과 우주의 일부로 회귀하는 것이다. 거기엔 지금의 나, 소아는 이미 없고 큰 우주적인 대아로 부활하는 장이다. 흙으로 돌아가 거름이 되어 대지의 생명력에 합류하고, 나무를 타고 올라가 새싹을 틔우고 잎이 되어 이루는 장대하고 신비스런 드라마의 장에 참여하게 되는 것이다. 우주와 하나가 되는 천지합일의 감동적인 과정이다.

이럴 때 비로소 우리는 새로운 생명력으로 부활하며 위대한 자연의 일부로 환원된다. 우리가 왔던 고향으로 되돌아가는 것이다. 장례식엔 썩지 않는 나무, 돌로 된 관도 있다. 어느 세월에 자연의 일부로 새롭게 탄생할 수 있을까.

자연의 순리대로라면 수목장도, 자연장도 참 좋겠단 생각을 하게 된다. 선마을에 오신 분들에게 우리가 노후뿐 아니라 사후까지도 책임을 지겠다고 하면, 사람들은 웃는다. 하지만 이것은 농으로 하는 소리가 아니다. 원한다면 수목장을 치러준다. 마음에 드는 나무를 하나 골라라. 마음에 드는 게 없으면 한 그루 심는 것도 좋다.

"나와 오랜 세월 좋은 벗이 되자. 서로 대화도 나누고 함께 잘 지내자." 하고 대화를 나누면 나무에 대한 애정이 한결 새로워질 것이다. 생전에 언제 방문해도 자신들에겐 특별한 나무가 될 것이다. 든든한 나무 등에 기대어 잠시 쉬다 가고 그간 지내온 이야기도 해 보라. 이 숲이, 이 산이 더 소중하고 다정스럽게 다가올 것이다.

③ 자연과 내가 하나 될 때

음악에 취해 완전히 하나가 될 때 우리는 우리를 잊게 된다. 자신을 의식하지 못하는 세계로 빠져든다. 이것이 자기 초월이다. 이런 경지가 될 때 빅터 프랭클이 이야기한 자기 초월이 로고스를 깨워 생명 에너지를 활성화시킨다.

"와식 명상."

점심 식사 후 가벼운 산책을 마치고 명상 센터에 들러 가벼운 스트레칭을 하고 난 후 누워 명상에 들어간다. 잠이 오면 오는 대로, 안 오면 그냥 누워 휴식도 겸한 명상을 해도 되는 아주 편한 시간이다. 대개 20~30분 계속한다.

★ 명상의 도파민 효과

명상을 하면 뇌가 전반적으로 조용한 상태가 된다. 편안한 분위기에서 전두엽의 걱정거리 등 부정적 요소가 살짝 억제되므로 주의집중이 잘 되고 창조적 사색적 모드가 된다. 그리고 또 한 가지 중요한 효과는 전두엽에 있는 도파민 중추의 기능이 약해진다는 사실이다. 구체적으로는 후대상피질이라는 곳의 기능이 약화되는데, 이곳은 욕심의 센터이다. 따라서 여기가 활성화되면 그 아래 쾌락 중추가 자극되어 아주 기분 좋은 상태가 된다. 도파민의 위험한 약점이 여기 있다. 욕심이 충족되면 그 아래 쾌락 중추가 자극되며 기분이 좋아지므로 계속하고 싶어져 습관성이 될 위험이 있다. 인간의 욕심에 끝이 없다는 것도 여기서 비롯된다.

요즘 미국의 대기업에서는 마인드풀니스mindfulness 명상을 하는데, 후대상피질의 기능이 약화됨으로써 이기적인 욕심이 없어지고 직장 내 지나친 경쟁의식으로 인한 모함, 질투 등의 부정적 감정이 약화된다. 대신 동료 의식이 강화됨으로써 직장이 화기애애한 분위기가 되어 생산성이 높아진다. 명상을 통해 이기적 욕심이 줄어들고 이타적으로 된다.

마인드풀니스 명상은 마음챙김 명상으로 번역되며, 한국에서도 인기 있는 명상 프로그램이다. 일반 명상과 다르지 않으나 특히 이 명상에서는 어쩔 수 없는 과거나 닥치지 않는 미래에 대한 불안 대신 '지금 여기'에 모든 주의를 집중한다.

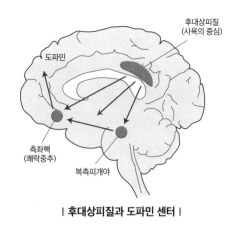

| 후대상피질과 도파민 센터 |

여행을 즐기고, 길을 느껴라

"내 형편에 무슨 여행을?"

이런 말을 들을 때마다 내 대답은 한결같다. 그러니까 떠나야 한다는 것. 그렇다. 나라 형편도, 회사 형편도 어려운데 무슨 한가한 소리냐고 하겠지만, 그럴수록 떠나야 한다. 이건 단순한 소극적 도피가 아니다. 새로운 해답을 찾기 위한 적극적 해결책이다.

회사가 복잡한 문제들로 실타래처럼 얽히고설켜 있을 때 그 속에 갇혀 함께 돌아가노라면 문제를 객관적으로 볼 여유도, 해결할 여유도 없다. '회사＝골칫거리'라는 회로가 뇌에 정착되어 있는데 새로운 해결책이 보일 리 없다.

이럴 때는 일단 떠나야 한다. 그래야 전체적으로 조망하면서 객관적인 해결책을 찾을 수 있다. 여행을 통해 새로운 자극을 받아 뇌 속에 새로운 회로가 형성되기 때문이다.

인생에도, 사업에도 파도가 있다. 지금의 슬럼프도 그 과정의 하나일 뿐이다. 그러니 훌훌 떨치고 떠나야 한다. 사치스러운 여행이 아니라도 좋다. 어디든 모든 것에서 해방될 수 있는 곳이면 된다. 텔레비전이나 라디오가 나오지 않는 곳, 신문도 볼 수 없고 휴대폰도 안 되는 곳이어야 한다. 그래야 자유로운 발상, 새로운 해결책이 떠오른다. 적당한 곳이 없다면 힐리언스 선마을을 추천한다.

205
....
PART 4. 세로토닌 테라피 (Serotonin Theraphy)

꼭 회사 일이 어려워서만이 아니라, 창조적인 삶을 사는 당신에게 휴식은 필수다. 회사나 가족에게 미안해하거나 죄책감을 가질 필요도 없다. 이게 모두 그들을 위하는 길이다. 잠시 세상과 단절된 휴식은 당신의 지친 심신을 회복시켜 줄 것이다.

새로운 환경, 새로운 문명과 접하면 뇌에는 새로운 회로가 생긴다. 가벼운 흥분과 함께 해결책이 떠오른다. 첨단을 달리는 사람들이 원시적·노마드적 향수에 젖어드는 까닭도 이에서 비롯된다. 과학 문명의 첨병인 이들은 유목민적인 생활을 그리워한다. 그래서 아프리카 정글, 사막, 몽골 초원으로 달려가 거침없이 뒹굴고 싶어 한다. 원시성 회복을 위해서다.

문명에 찌든 심신의 해독에 이보다 더 효과적인 것은 없다. 완전히 새로운 사람으로 태어나고 인생철학이 생긴다. 내가 지금 어디로 가고 있는지, 이대로 가면 되는 것인지, 이게 정녕 내가 원하는 인생인지 진지하게 생각해보게 된다. 참으로 소중한 시간이다.

자유로움, 해방감, 신선함. 비즈니스 여행이라도 좋다. 일단 떠나라. 심신의 재충전을 위한 좋은 여행으로 만들어라. 세로토닌 여행의 진수를 맛보라. 정 떠날 형편이 안 되거든 내가 좋아하는 나만의 길을 만드는 것도 좋다. 그날의 컨디션이나 기운에 따라 걸을 수 있는 길이 몇 군데 있으면 더욱 좋다.

난 마음이 약해질 땐 덕수궁 돌담길을 걷는다. 이 길은 한밤에 걸어도 안전한 곳이라 더 좋다. 인왕산 언저리에서 시작해 독립문, 기상대, 교육청, 경희궁 벽으로 이어진다. 강북 삼성병원, 이화여고 후문, 그리고 덕수궁 돌담길을 돌아 지금은 시청 앞에서 끝나지만, 짐작건대 진고개를 지나 남산 샌님골로 이어졌으리라. 밤이면 인왕산 호랑이도 어슬렁거렸음직하고, 나무꾼도 이 길을 따라 남산 샌님골로 갔을 것이다. 이 길을 걷노라면 구한말의 어수선한 정변이 눈에 선하다. 고종의 근심스러운 얼굴도 덕수궁 높은 돌담 너머로 보인다. 가슴에 태극기를 품고 주변을 두리번거리는 유관순 소녀도 어른거린다. 이런저런 상념에 잠겨 걷노라면 긴 역사의 여정에서 지금의 작은 고통은 아무것도 아니라는 생각이 든다. 내 마음이 약해질 때 이 길을 찾는 이유다.

이 길은 내겐 창조의 길이다. 이 길을 어슬렁거리노라면 불현듯 기막힌 아이디어가 떠오르곤 한다. 플라자 호텔에서 커피 한잔 마신 뒤, 넓은 시청 광장을 지나 세종로의 시원한 거리, 청계천을 바라보며 걷는다. 이어 교보문고로 향하면 온갖 지적 호기심으로 가슴이 뛴다. 무슨 책이 나와 있을까. 넓은 매장을 둘러보면 온갖 책이 가슴을 뛰게 만든다. 몇 권을 골라 돌아오는 길, 커피숍에 앉아 책을 펼쳐 드는 순간의 흥분이라니!

또 예술의 거리 인사동이 있다. 수요일이면 화랑마다 그림이 바뀌고 작은 잔치나 강연이 열린다. 예술가만이 아니다. 좋은 사람도 많이 만난다. 딱딱한 머리가 부드러워지고 가슴 가득 감성의 물결이 인다.

가을 단풍이 물들면 경복궁 동십자각에서 삼청동 가는 길도 기막히다. 노란 은행잎을 밟으며 바라보는 경복궁 너머의 인왕산 낙조가 일품이다. 요즘은 예쁜 카페도 많다. 봄이 오면 청와대 앞길도 한적하고 아름답다. 약간의 위압감을 갖게도 되지만 경치에 비하면 무슨 대수랴.

아름다운 낭만의 길만이 아니라 어릴 적 힘들고 고생하던 길이라도 좋다. 그런 길을 걷노라면 오늘의 내가 자랑스럽고 대견하다. 친구들과 낄낄거리던 길도 좋고, 벼가 익는 들판 길은 또 어떤가.

나는 언젠가 지중해 크루즈에서 맞은 낙조를 잊을 수가 없다. 바닷바람을 안고 저무는 낙조를 바라보며 갑판 위를 거닐다 지중해 속으로 빨려 들고 말았다. 일행들이 나를 찾느라 온 배를 헤집는 소동을 피운 건 미안했지만, 내게는 잊을 수 없는 황홀한 낙조, 선상, 갑판, 길이었다.

당신만의 길이 있는가? 좋은 길이라면 차를 타고라도 가보자. 새로운 세계가 펼쳐지면서 당신의 매너리즘을 일깨워줄 것이다.

태핑 터치(Taping Touch)

아리타 교수와 나카가와 교수가 개발한 가벼운 터칭Touching 기법이다. 다음 그림처럼 두 사람이 짝을 지어 앉아 실시한다. 기본적인 방법은 손가락 끝의 볼록한 부분을 가볍게 좌우 번갈아 톡톡

치는 것이다. 너무 빠르지 않게 조용히 10분 동안 진행한다. 허리쪽 아랫부분은 코끼리 코처럼 흔들흔들 툭툭 친다. 마지막으로 손바닥 전체로 어깨, 목 쪽을 가볍게 비빈다. 숙련된 조수로부터 받아본 내 경험으로는 아주 느긋하게 기분이 풀린다. 마치 명상하듯 기분에 빠지기도 한다.

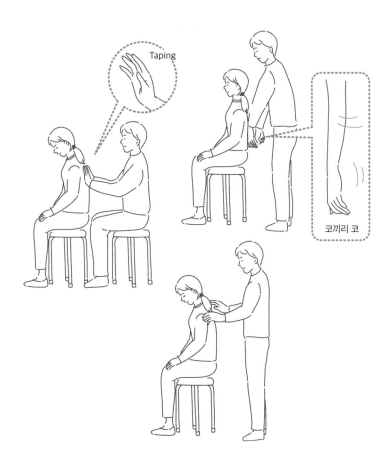

Taping

코끼리 코

댄스

댄스는 분위기만으로 기분이 좋다. 선남선녀가 잘 차려입고 신나게 춤을 추는 건 보는 것만으로도 즐겁다. 최근엔 지자체 문화교실에도 댄스 클래스가 열리는데, 특히 중년을 위한 사교 목적이나 건강을 위해서도 춤이 아주 탁월한 것으로 알려져 인기가 많다. 혼자도 좋고 쌍으로 혹은 여럿이 모여 추는 춤도 좋다. 어떤 춤이 좋으냐는 개인의 취향이겠지만 세로토닌 활성을 위한 춤이라면 어느 것이라도 좋다. 즐겁게 신나게 추면 된다. 음악에 맞춰 신나게 추는 리듬 운동은 그냥 운동보다 훨씬 더 효과적이다.

나의 선생, 아리타 교수는 일본의 세로토닌 문화원에서 두 가지 춤을 권하고 있다. 하와이 전통춤인 훌라댄스와 쿠바 전통춤인 살사이다.

훌라댄스

뉴스나 영화에서 자주 보는 훌라댄스는 화려한 율동이 아주 특이하다. 하와이로 처음 이주 온 폴리네시아인은 문자가 없어 구전으로 소통하게 되었는데, 그 과정에서 손놀림, 몸놀림이 자연스레 나온 것이 훌라 댄스의 기원이다. 우리가 외국말이 서툴 때 몸짓과 손짓으로 의사소통을 하는 것을 생각하면 이해가 간다.

이런 전통은 현대까지 전해져 손짓, 발짓, 몸짓 등 모든 동작에 의미가 있다고 한다. 훌라댄스를 출 적엔 춤과 그 의미를 함께 생각하느라 주의집중을 하게 된다. 아주 효과적인 수단이다. 이것은 아리타 교수의 연구에서도 밝혀졌다. 춤을 추기 전후에 뇨중 세로토닌 농도 측정을 한 결과, 춤을 추고 난 30분 후에 세로토닌 농도가 확실히 높아진 것이 밝혀졌다. 참가한 학생들은 아주 기분이 좋다. 표정이 풍부하게 되었고, 자세가 좋아졌다, 밝은 색깔의 옷을 선호하게 되었다 등 다양한 보고를 하고 있는데 모두가 세로토닌이 풍부해진 결과와 일치한다. 기본 자세를 익히고 하와이 곡을 따라 추면 배우는 데도 어렵지 않다고 한다.

살사

쿠바에서 음악과 함께 춤이 태어났다. 살사는 주로 남녀가 쌍을 이루어 추지만 혼자서 혹은 여럿이서 원을 지어 추기도 한다. 살사도 역시 세로토닌 양이 현저히 증가하는 것이 검사로 확인되었다. 리듬 운동과 집중, 분위기, 음악, 여럿이서 하는 즐거움, 이 모두가 세로토닌 분비를 촉진하기에 충분하다.

그 외에도 여럿이 함께하는 라인댄스, 서클댄스, 사교댄스도 있고 한국의 강강수월래도 세로토닌 촉진제로써 손색이 없다.

북의 치료적 효과

뇌내로 흡수된 트립토판이 세로토닌으로 전환되려면 중요한 자극으로 리듬 운동이 필요하단 것은 여러 번 설명했다. 그만큼 중요하고 효과적이기 때문이다. 북은 어떤 원시 사회에서도 볼 수 있는 것으로 인간의 역사와 함께 시작된 게 아닌가 한다. 모든 의식 활동에 반드시 등장하는 것이 북이다.

북의 치료 효과에 대한 과학적 연구는 미국의 '드럼서클의 대부'로 불려지는 아서 헐Arthur Hull 일행으로부터 시작되었다. 대표적인 효과로는 항암세포 NK세포의 증가, 자연면역력 활성화, 스트레스 감소 등이 보고되고 있다. 여기에는 악보, 연주 기술도 필요 없이 누구나 쉽게 즐길 수 있는 게 장점이다. 20명 내외의 멤버들이 진행자의 간단한 설명과 함께 스트레칭으로 시작한다. 처음엔 제멋대로 치지만, 이상하게도 어느 순간부터 집단적인 리듬이 생긴다. 리듬의 동일한 조화에 의한 일체감이 참가자 사이의 사회적 배경과는 관계없이 한 인간으로서 깊이 이어진 우정을 느낄 수 있게 한다.

처음엔 마음껏 제멋대로 치니까 쌓인 스트레스가 해소된다. 이때는 교감신경 우위에서 차츰 리듬 공감이 생기면서 부교감 우위로 전환된다. 우리 인간에게 있는 심장 박동, 호흡 리듬, 수면과 각성의 리듬, 보행의 리듬, 이야기하는 리듬…… 이런 리듬감이 절로 하모니를 이룬다는 게 신기하다. '북을 리드미컬하게 친다', '일체감에 의해 숨이 동조한다', '기분에 공감', '부교감 우위로 의식 집중' 등으로 세로토닌 분비가 펑펑 쏟아진다.

연주가 끝난 후엔 땀을 훔치며 릴렉스된 분위기 속에 서로 즐거운 대화를 나눈다. 불안과 우울도 날아간다. 세로토닌 문화원에선 현재 중학생과 군부대를 상대로 세로토닌 드럼 클럽을 진행하고 있다. 더 나아가 앞으로는 필요한 곳이면 어디나 프로그램을 소개할 예정이다. 외국에서 시작되었으니 해외 라인도 활성화하기 위해 서울대 국악과와 합동 진행하고 있다. 뒷장에서 자랑스런 세로토닌 예술단이 소개된다. 북을 통해 완전히 새사람으로 태어난 학생들이다.

세로토닌 결핍 증후군

　세로토닌 테라피의 기본은 세로토닌 결핍 상태를 교정하여 세로토닌 생성을 촉진하는 기법이다. 왜냐면 세로토닌은 일상의 상태에선 넘치는 법이 없기 때문이다. 세로토닌은 워낙 귀한 물질이어서 신경에서 분비되면 다 사용하지 않고 원 신경세포-전 신경으로 회수하는 장치가 두 군데나 있다. 하나는 세로토닌 신경세포에 있고 또 하나는 이미 신경절 간(시냅스)에 방출된 후에도 다시 원 신경세포로 재흡수된다. 세로토닌은 한마디로 인색하다. 항울제로 쓰는 SSRI는 시냅스 재흡수를 방해함으로써 많은 세로토닌이 다음 신경세포로 전달되게 하기 위해서다.

　오늘날 우리 한국 사회가 직면하고 있는 시끄럽고 복잡한 문제의 바탕을 파고들면 세로토닌 부족으로 인한 사회 정신병적인 문제라는 결론에 다다르게 된다. 몇 가지 중요한 사회 병리적 문제를 적어보겠다.

우리는 앞 장에서 세로토닌 기능에 대해 자세히 알아봤다. 세로토닌이 부족하면 우리 뇌에, 심신에 여러 가지 심각한 문제가 생긴다는 것은 그 기능을 보면 알 수 있다. 개인이 정신병을 앓으면 정신과 의사를 찾아 진료를 받으면 되지만, 사회가 정신병이 들면 국가에서 왜 이런 문제가 생겼는지 연구하고 대책을 내놓아야 한다. 선진국에선 이런 사회 병리 연구소가 이미 설립되어 활발한 연구를 진행하고 있다. 우리나라도 최근 보건 연구소에 한 분과 연구소로 발족, 출범했는데 기대가 크다.

대표적인 세로토닌 결핍 증후군 몇 가지를 요약한다.

울증 및 자살

우울감과 우울증은 다르다. 기분이 우울한 경험은 누구나 일상에서 겪는 일이다. 이것은 물론 병이 아니다. 그러나 그 정도가 심하고 상당 기간 지속될 때는 우울증으로 정신과적 진단을 받게 된다. 세로토닌 부족으로 일어나는 대표적인 질환이다.

지금까지 우울증은 '마음의 병'으로 알려졌지만, 최근 연구에서는 '뇌의 병'으로 밝혀졌다. 우울증의 가장 큰 문제는 역시 자살이다. 우리는 지난 10년 자살률 세계 1위라는 오명을 못 벗어나고 있다. 어제도 43명이 성공적인 자살을 했다. 자살은 한 명이 하지만, 실은 뒤에 50여 명의 자살 예비생이 있다는 사실이다. 우리 이웃에 죽을까 말까 고민하는 사람들이 이렇게 많다는 데 아연실색하지 않을 수 없다.

세로토닌이 부족하면 우울증에 빠질 것이라는 생각은 세로토닌의 기능을 이해한다면 누구나 쉽게 그 인과관계를 추정해낼 수 있다. 뿐만 아니라 현대의 생활습관도 세로토닌 신경을 약화시키는 큰 요인으로 지적되고 있다. TV 앞에 앉으면 나도 모르게 숨이 조여올 때가 많다. 우리가 깨어 있는 동안 세로토닌 신경은 언제나 일정한 리듬으로 일을 하고 있다. 한데 숨을 조여야 한다든가 어디엔가 주의를 빼앗기는 일 등은 그 리듬을 깨지게 한다.

우리는 앞 장에서 세로토닌 활성 기법에 대해 광범위하게 여러 가지 이야기를 했다. 그중에서 특히 우울증 치료에는 적절한 운동이 효과적이다. 조깅이 가장 추천하는 운동이다. 혼자 시작하기가 쉽지 않을 때는 동료를 구해 함께 대화도 하면서 운동하라.

그다음 울증인 경우 세로토닌만 부족한 게 아니고 노르아드레날린도 부족하다. 물론 노르아드레날린은 많으면 스트레스 증가로 문제를 일으키지만, 너무 적어도 뭔가를 해볼 용기가 나지 않는다. 지나치게 위축되어 겁을 먹으면 운전대에 앉지도 못한다. 이런 행동은 흡사 우울증과 비슷한데, 이 경우 적절한 운동은 두 가지 호르몬을 같이 자극함으로써 이중의 효과를 얻을 수 있다.

강박증, 중독

현대인은 쾌(快)한 자극을 추구한다. 따라서 도파민 신경의 자극을 계속 원한다. 도파민 신경은 쾌락의 중추이다. 목표를 향해 노력하여 소원이 성취되면 우리는 대단히 기분 좋은 통쾌함에 젖는다. 문제는 여기에 습관성이나 중독이라는 무서운 복병이 숨어 있다는 점이다. 카지노에서 잭팟이 터져 돈이 줄줄 흘러나올 땐 마치 거부가 된 듯 기분이 좋다. 도파민 신경의 자극으로 도파민이 펑펑 쏟아진다. 그러면 또 하고 싶은 의욕이 넘친다. 적당한 선에서 조절하기가 쉽지 않다. 도파민이 계속 중추를 자극하기 때문이다. 세로토닌은 이럴 때 습관성으로 빠지는 도파민 신경의 자극을 조절함으로써 이를 줄일 수 있게 된다. 모든 강박적 중독 현상에 강력한 제지를 함으로써 도파민의 유혹을 물리치게 하는 것이 세로토닌의 조절 기능이다. 조절 물질이 결핍된 상태는 상상만으로도 끔찍하다.

이론적으로 그렇게만 된다면 강박증 치료는 어렵지 않을 것 같다. 그러나 실제 임상에서는 이론 정연한 그 치료 기법이 먹혀들지 않는다는 사실이다. 정신과적 질환 중에는 강박증적인 증상이 동반된 경우가 적지 않은데, 치료에 가장 저항하면서 오래 끄는 게 강박증이 동반된 경우이다.

물론 기본적으로 세로토닌 부족에서 오는 질환이기 때문에 여러 가지 활성 기법을 동원하겠지만, 강박증 치료에는 앞 장에서 설명한 역설지향 기법이 때로는 효과적이다. 강박증에는 도박 중독에서 비롯하여 증상이 다양하다. 하루에 손을 스무 번 씻지 않고는 못 배기는 강박증, 대문을 잠가놓고도 몇 번을 자다 말고 일어나 확인을 해야 하는 강박증도 있다. 아무리 안 하려고 해도 결국 '하자'는 증상에 굴복하여 또 반복하게 된다. 이럴 때 효과적인 기법이 '역설지향 기법Paradoxical Intention'이다.

공격 충동성

공격성 물질 노르아드레날린은 위험이나 불쾌한 상황에 직면하면 분비되기 때문에 위기관리 센터라는 별명이 있다. 또 싫은 일, 불쾌한 일이 생겼을 때는 이에 대처하기 위해 그 반응이 전투적이고 공격적으로 변하며 성이 난다. 이를 '분노 호르몬'이라 부르기도 한다. 위기에 처하면 싸우거나 달아날 준비를 해야 한다. 불안, 분노, 우울 등의 부정적인 감정을 일으키는 한편 각성, 집중력 등을 발휘하여 적극적인 행동을 함으로써 우리를 보호해주는 긍정적이고 고마운 기능도 있다. 이것이 부족하다면 인간은 아주 위험한 상황에도 적절하게 대처하지 못한다. 문제는 스트레스가 너무 강하거나 장기간 발생할 때다. 비상상태가 아닌 상황에도 고함을 치거나 분노로 폭발하는 경우 혹은 너무 과격한 방법으로 대응하는 경우 아주 위험해지거나 분노조절장애에 빠질 수도 있다. 이때 응원군이 세로토닌이다.

노르아드레날린의 분노 반응을 적절히 조절하지 못하면 어떤 사태가 벌어지겠는가. 반대로 노르아드레날린이 처음부터 부족한 경우 무기력, 무관심, 무의욕 상태가 되어 울증을 일으킨다. 적절한 수준에서 조절해줄 수 있는 게 세로토닌이다.

세로토닌 결핍 증후군의 가장 위험한 유형이 분노조절장애다. 때론 끔찍한 범행을 저지름으로써 뉴스에 대서특필되기도 한다. 타고났거나 혹은 도심의 험악한 뒷골목에서 자란 사람들은 걸핏하면 노르아드레날린이 발동한다. 솟구치는 분노를 자제할 길이 없다. 이럴 경우 격투기가 때로는 구원의 길이 될 수 있다. 공격성을 운동으로 승화시키는 것이다. 실제로 복싱 챔피언 중에는 옛날에 뒷골목 주먹으로 통했던 사람들이 더러 있다. 복싱 클럽에서 샌드백을 치는 것만으로도 끓어오르는 분노를 발산할 수 있다. 흠뻑 땀을 흘린 후 더운물 샤워를 하고 나면 한결 몸이 가볍다.

우리 문화원에서 운영하는 중학교 드럼 클럽에도 가끔 이런 감동적인 주인공이 나타나기도 한다. 방과 후 큰 북을 마음껏 치고 나면 싸울 힘도 없다고 한다. 말썽꾸러기들이 모범생이 되기도 한다. 지금은 세로토닌 예술단을 조직하여 국내외 큰 행사에 축하 공연을 하는 등 완전히 새사람으로 멋지게 성장하고 있다. 세로토닌 문화 운동이 때론 내게 벅차기도 하지만, 이런 아이들을 지켜보노라면 절로 의욕이 생기고 보람찬 삶이 된다.

공황장애

증상적으로는 극심한 불안 상태로 보이지만 전문가들은 불안과는 다른 기전으로 보고 있다. 숨이 넘어갈 것 같고 심장이 멎을 것 같은 극도의 공포감으로 환자들은 혼자 감당하고 견뎌내기가 힘들다. 공황장애는 다른 병들과 동반되어 온다. 폐소 공포증, 고소 공포증, 연단 공포증 등이 대표적이다. 심한 경우 장거리 비행기 안에서 고소 공포증 발작이 오기도 하는데, 심장병이나 죽을병으로 오해하여 비행기가 중간에 비상 착륙하는 일도 있다. 그만큼 심각하다. 이런 환자가 응급실에 실려오면 여기서도 일대 소란이 벌어진다. 숨을 헐떡이며 당장 숨이 넘어갈 것 같으니까 경험 없는 스태프들은 우선 산소부터 공급하지만 이건 절대 금물이다. 환자가 이미 숨을 헐떡이는 과호흡 상태이므로 몸에 산소가 너무 많아 문제가 생겼기 때문이다. 온갖 검사를 해보지만 모두 정상이다. 그리고 조금만 지나면 언제 그런 일이 있었냐는 듯 환자는 조용해진다. 이의 예방 및 치료에 세로토닌을 쓴다. 극적인 증상을 조절하기 위해서다.

이들은 마른하늘에 벼락 치듯 갑자기 증상이 오기 때문에 발작이 일어날 수 있는 곳을 기피한다. 그리고 혼자 있는 것을 두려워한다. 행여 급한 일이 있으면 누군가 도와줘야 하기 때문이다.

이들 치료에는 '폭포 요법'을 쓴다. 의사가 터널을 무서워하는 자와 대동하여 터널을 일부러 통과하는 기법이다. 무서워하는 자극을 폭포처럼 쏟아붓는다. 환자는 두렵긴 하지만 의사와 함께이니까 안심이다. 한번 통과해보니 발작이 없다. 몇 번 치료적 연습을 하고 나니 별문제 없다. 그러곤 안심을 한다. 그 다음이 '확인 요법'이다. 환자에게 교육을 시켜 안심시키는 기법이다.

① 이 병으로 죽은 사람은 없다. ② 이 발작은 오래가지 않는다. 길어야 10분~20분에 끝난다. ③ 차분해라. 허둥대거나 응급전화를 하는 등 흥분하면 상황이 더 나빠진다. ④ 조용히 뜰에 나가 호흡을 천천히 부드럽게 하라.

섭식장애

식사 조절 장애는 여러 가지 유형이 있다. 이 중 가장 많은 유형이 폭식이다. 식욕 조절이 안 되는 경우이다. 당연히 비만이 올 수도 있다. 다이어트를 시도해보지만 되지 않는다. 일단 잘 씹어 천천히 먹어야 한다. 치아 바로 위 뇌간에 있는 세로토닌 신경을 자극하여 세로토닌 분비로 식욕을 조절하기 위해서다. 어떤 환자는 폭식한 뒤에 바로 토하기도 한다. 특히 젊은 여성은 다이어트를 위해 대단히 공격적이다. 신경성 무식욕증이 오기도 하는데, 이건 아주 무서운 병이다. 피골이 상접한데도 더 말라야 한다고 고집을 부린다. 기초 대사도 안 될 정도가 되면 응급 환자로 중환자실로 옮겨야 하는 일도 있다. 어떤 유형이든 치료제는 세로토닌이다. 식욕을 적정 수준에서 조절해주기 때문이다. 우리 세대가 어릴 적엔 이런 병은 없었다. 먹을 게 없어 난리인데 굶주린 창자에 먹는 게 문제가 될 수 없다.

이건 전형적인 풍요병이다. 온갖 다이어트법이 시중에 나와 있다. 하지만 결과는 비참하다. 급히 하는 다이어트의 95%는 실패로 끝난다. 미국에선 특별한 다이어트 기법을 개발한 몇 사람 주머니만 채워줬을 뿐, 그 사이 미국인 평균 체중이 20kg이나 불었다는 통계도 있다.

다이어트를 하려면 첫째, 억지로 무리해선 안 된다. 먹는 즐거움만큼 큰 게 없고 인간의 본능 중 가장 중요한 게 식욕인데 이걸 억지로 참기엔 인간은 너무나 무력하다. 결국 지고 만다. 아주 천천히, 무리 없이 해야 한다. 단기간에 하는 다이어트는 예외 없이 리바운드(요요 현상)가 오고 그러면 원래보다 더 나쁜 체질이 된다.

절식을 하되 배를 80%만 채우는 것이 원칙이다. 아쉽다 싶은 선에서 수저를 놓아야 한다. 주말에 하는 간헐적 미니 단식은 건

행복도 배워야 합니다

강에도 큰 도움이 된다. 금요일 저녁을 6시에 먹고, 다음날 아침을 11시쯤 브런치로 대신한다. 위장에도 휴식이 필요하다. 한 달에 1~2kg 감량이 적당하다.

모든 치료는 점진적으로 해야 편도체 반발이 없다. 편도체는 시상하부의 호위병이다. 다이어트도 적당히 해야 편도체가 좀 불편해도 참아준다. 한국 사람은 성질이 급해 빨리하려고 한다. 다이어트도 한 달에 10kg를 빼려고 하는데, 될 리 없다. 어느 날 밤 냉장고 문을 열고 다 털어 먹는다. 이게 리바운드의 기전이다. 80% 정도 배가 채워질 때까지만 먹으면 좀 모자라다 싶지만, 못 견딜 정도는 아니다. 조금씩 해나가야 성공률이 높다. 좀 시장해도 그냥 슬쩍 넘길 수 있다. 심리학에선 이런 기법을 '탈감작법'으로 부른다. 싫거나 예민한 자극을 한 번에 다 없애려 말고 조금씩 노출시켜야 성공률이 높다.

수면장애

수면 호르몬 멜라토닌은 세로토닌을 원료로 하여 송과체에서 만들어진다. 세로토닌이 부족하면 당연히 멜라토닌을 적정 수준으로 만들지 못해 수면이 부족해진다. 저녁 식사 후 학교 운동장이나 공원을 산책하는 사람들을 가끔 볼 수 있는데, 그렇게 함으로써 세로토닌을 분비해 멜라토닌을 많이 만들겠다는 과학적인 방법이다. 수면이 목적이라면 세로토닌 워킹을 하는 것이 훨씬 효과적이다. (활성 기법 참고) 불면증에 약물 요법보다 먼저 자연 요법 즉, 걷는 일부터 시도해보길 권한다. 일단 건강생활 리듬에 따르도록 한다.

−수면 전문가 추천 처방
• 밤 11시 이전 취침.
• 아침 6시 전 기상.
• 부족하다 싶으면 점심 후 낮잠 15~20분을 잔다.

마법의 호르몬이라 부르는 성장 호르몬은 밤 10시~ 새벽 2시 사이에 분비된다.
• 피로 회복에 최고의 시간대다.
• 지방 분해로 다이어트에 효과적이다.
• 피부 대사로 얼굴이 맑아진다.
• 단기 기억을 장기 기억으로 바꾸어준다.

★ 역설지향기법
① 불면증에 낮잠 요법을 아시나요?
잠이 안 와도 낮에 낮잠을 좀 잤으니, 괜찮다, 혹은 내일 낮잠으로 때우면 된다, 이렇게 안심을 하게 된다. 불면증은 잠이 안 오면

어떡하지 하는 예기 불안이 만든다. 아침 1시간만 일찍 일어나면 건강은 물론이고 당신의 운명이, 인생이 바뀐다.

② 잠이 안 오면

억지로 누워 잠을 자려고 애쓰지 마라. 그럴수록 잠은 더 달아난다. 자야겠다는 억지 노력이 스트레스가 되어 잠을 쫓기 때문이다. 대신 잠을 안 잘 생각을 해보라. '잘됐다. 밀린 일이나 하자.' 이렇게 마음을 먹고 책상에 앉으면 슬며시 잠이 온다.

만성피로

세로토닌이 부족하면 심신에 문제가 생긴다. 무엇보다 뇌 기능이 제대로 돌아가지 않는다. 세로토닌의 기능에서 자세히 설명했지만, 뇌 기능 전체가 조절되지 않고 부조 상태에 빠지면 무엇보다 뇌 피로가 오기 때문에 몸 상태가 좋아질 수 없다. 숙면도 제대로 안 된다. 이것만으로 만성적인 피로 상태가 올 수 있다. 만성피로를 부르는 중대한 원인이다. 세로토닌이 부족하면 심신의 모든 활력이 떨어져 만성피로를 부른다.

도시인의 만성피로는 몸이 아니라 뇌가 피로해서 생긴다. 뇌 피로는 만성적인 스트레스가 주된 원인이다. 뇌 피로 증후군은 시상하부에 문제가 생긴다. 여기는 생명의 중추로서 생명과 직결되는 중요한 기관들이 모여 있다. 뇌 피로 증후군이 오면 즉각 4개 시스템에 문제가 생긴다.

① 자율신경사령부 ② 호르몬 대사계 ③ 면역계 ④ 정신계

이 중요한 기구들은 좁은 시상하부에 모여 있기 때문에 뇌 피로가 오면 4대계 전체에 문제가 생긴다. 이들은 각자 독립적인 기능을 하면서 동시에 협동하며 연합적인 기능을 한다. 따라서 만성 피로를 부르는 만성 스트레스는 자율신경의 교감신경 우위 상태가 되어 자율신경 부조증을 부른다. 그러면 내분비계의 호르몬 대사가 난조에 빠지고 면역계가 약화된다. 면역력이 저하되면 만병의 근원이 된다. 위의 4대 시스템이 동시에 기능부전에 빠지면 온몸에 문제가 발생한다. 그 원인은 시발점이 교감신경 우위에 있으므로 스트레스의 과학적 대처가 중요하다.

우리가 보통 피곤하다고 말할 때는 대체로 몸이 피곤한 것으로 알고 있다. 그럴 땐 휴식을 취하거나 하룻밤 푹 자고 나면 피로 회복이 된다. 하지만 뇌 피로에는 휴식이 오히려 더 피로를 가중시킬 수도 있다. 쉬지 말고 가벼운 일을 해야 피로 회복이 빠르다. 단 머리를 너무 쓰는 일 말고 정원 손질, 청소, 정리 등 가벼운 일이 좋다. 하고 나면 깔끔하고 기분이 좋다. 특히 요즘은 만성피로가 오래가면 면역계 약화로 코로나19나 독감에 걸리기 쉽다.

스트레스에 취약

반가운 친구들과 즐거운 회식. 오랜만에 만난 친구들이라 식탁 분위기는 그야말로 화기애애하다. 세로토닌과 부교감 우위의 긍정정서가 넘친다. 그때 갑자기 옆 테이블에서 시끄럽다고 시비를 걸어온다. 순간 그 화기애애한 분위기는 싹 가시고 긴장, 불안, 공격적인 노르아드레날린이 분비된다. 미안하다고 사과하면 끝날 일인데 친구 중 한 명이 "뭐야?" 하고 본격적인 시비를 건다. 장내는 당장 싸움판이 벌어질 일촉즉발의 위험한 순간이 된다.

이렇듯 세로토닌은 스트레스에 아주 취약하다. 공격적인 스트레스가 생기는 순간 세로토닌은 사라진다. 그러면서 공격성 조절이 안 되고 큰 싸움판이 된다. 평소 세로토닌이 풍부한 사람이면 이런 위기 상황에 빛을 발한다. 친구를 말리고 상대에게 진지한 태도로 사과한다. 금방이라도 폭발할 듯한 분위기가 가시고 차츰 평화 무드가 조성된다. 이런 위급한 상황이 아니더라도 공부가 잘 되고 있는데 친구로부터 기분 나쁜 메시지가 날아들면 갑자기 걱정되면서 공부가 안 된다. 세로토닌 결핍 상태에선 쉽게 평상심이 깨져 정서적 안정을 잃게 된다. 쉽게 불안, 긴장 상태로 넘어간다.

스트레스와 세로토닌은 밀접한 상관관계에 있다. 보다시피 스트레스가 가해지면 세로토닌이 약해진다. 또 그런가 하면 세로토닌 단련이 잘되어 세로토닌이 넘쳐나면 웬만한 스트레스는 잘 견

더낸다. 이것은 세로토닌 단련을 3개월간 꾸준히 하면 가능해진다는 게 세로토닌 대가 아리타 교수의 증언이다. 세로토닌이 부족하면 이를 많이 받아들이려고 수용기Receptor가 많이 생긴다. 세로토닌 단련을 해서 세로토닌이 풍부하게 공급되면 수용기가 많아야 할 이유가 없기에 적당한 수로 줄어든다. 이게 세로토닌 단련의 효과인데, 이렇게 되기까지는 대개 3개월이 걸린다.

이것이 세로토닌 결핍 상태의 뇌를 구하는 직접적인 방법이다. 세로토닌이 꾸준히 분비되어 일상생활을 수행하는 데 장애가 되지 않도록 가벼운 의욕과 활력으로 넘치게 하려면 세로토닌 단련이 필수다. 단 3개월은 꾸준히 계속해야 한다. 그래야 세로토닌 신경의 구조가 완전히 바뀌게 된다. 온몸에 활력이 넘치고 우리가 앞 장에서 강조해온 세로토닌 고유의 기능을 할 수 있게 된다. 우리는 앞 장에서 세로토닌 결핍을 초래하는 큰 원인의 하나로 스트레스를 지목한 바 있다. 세로토닌 치료하기 전 단계로 스트레스 치료부터 해야 한다는 걸 강조한 바 있다. 그리고 구체적인 증례를 들어 스트레스 관리에 대해 자세히 논한 바 있다. (세로토닌 결핍 원인 참조)

심신의 노화 촉진

정서적 안정은커녕 걸핏하면 편도체 과열 상태에 빠진다. 온몸에, 그리고 마음에 위급한 긴장 신호가 오며 사소한 일에 신경질을 내는 통에 주위 사람마저 불안하게 만든다. 정말 별것 아닌 일에도 공격적으로 굴기 때문에 이 사람 근처엔 사람이 없다. 보기에도 편치 않다. 곧 폭발이라도 할 듯 온몸이 긴장 일색이다. 이런 상태에선 보통 일상생활이 제대로 되지 않는다. 작은 일에도 오해를 하게 되고 삐지기를 잘해서 인간관계를 맺기가 대단히 힘들다. 마음이 긴장 일색이니 몸 상태도 제대로 될 일이 없다. 이런 상황에선 심신의 노화를 촉진한다. 특히 심맥관계통에 긴장을 주기 때문에 심장병 발작 등 아주 위험한 상태가 된다.

세로토닌이 부족하면 뭐니 뭐니 해도 스트레스 조절이 제대로 안 될 뿐더러 스트레스가 가해지면 세로토닌 자체의 기능도 약해진다. 이렇게 되면 시상하부에 부담이 온다. 정신계, 자율신경, 내분비계, 면역계 4대 시스템이 난조에 빠진다. 제일 심각한 문제가 면역력 약화다. 면역력은 외부 침입자로부터 우리 몸을 방어하는 기능뿐 아니라 노화 방지, 활성 산소 제거, 심신 활력 등 광범위하게 영향을 미친다. 심신의 노화가 촉진될 수밖에 없다. 하지만 그 시발은 스트레스다. 따라서 스트레스의 과학적 대처가 무엇보다 긴요하다.

뇌 기능 저하

긴장 상태에선 뇌가 제대로 기능할 수가 없다. 언제나 밝고 긍정적이며 낙관적인 상태라야 뇌의 복잡한 회로가 제대로 돌아간다. 더구나 잔뜩 긴장, 불안 상태에 있으면 활성 산소의 발생 증가로 인해 온몸의 세포에 손상을 입힐 뿐만 아니라 신경세포의 에너지 생산 공장인 미토콘드리아에 손상을 준다. 이 경우 에너지 생산이 부족하게 되고 특히 뇌 기능이 저하될 것은 불 보듯 뻔하다. 세로토닌이 풍부하고 활성화된다면 뇌의 작은 불균형, 부조화 상태는 쉽게 균형을 잡아줄 수 있다. 세로토닌이 오케스트라의 지휘자 역할을 한다는 것을 상기한다면 충분히 이해가 가는 대목이다.

세로토닌이 부족하면 긍정적인 정서보다 부정적인 정서가 뇌를 지배한다. 이런 상태에서 뇌 기능 저하는 필연이다. 일이 제대로 되질 않는다. 실수가 많아지고 작업 능률이 떨어진다. 이게 무엇을 의미하는가. 쉬라는 신호다. 당신에겐 휴식이 필요하다는 걸 경고하는 메시지다.

우선 책상에서 일어나 바깥 공기부터 마시고 심호흡을 천천히 하면서 머리에 열을 식혀야 한다. 뇌를 혹사했으니 열이 나고 신경전달물질도 고갈되었을 것이므로 짧은 휴식으로 부족하다면 얼마간의 긴 휴식이 필요하다. 뇌 피로는 자각 증상이 분명치 않아서 쉬어봐야 안다. 아! 내 뇌가 이렇게 피곤해 있었구나. 세로토닌을 '공부 호르몬'이라 부르는 이유가 여기 있다. 뇌의 균형이 잘 잡혀 평상심이 유지되는 상태라야 공부가 잘된다. 너무 흥분해도, 또 너무 가라앉아 침울해도 공부가 되지 않는다. 책상에 앉기 전에 가벼운 심호흡 몇 번을 하는 습관은 참 이상적이다. 밖에서 활동할 적엔 아무래도 교감 우위의 생활이다. 이런 상태에선 공부가 잘될 리가 없다. 특히 호기에 유념해서 아랫배를 천천히 입을 통해 내쉬면 마음이 편안해진다. 호기 시엔 부교감 우위가 되기 때문이다. 일이 잘 안 된다고 불평 말고 휴가를 다녀온 지가 얼마나 되었는지 생각해보라.

하루를 바꾸는
마법의 호르몬

뇌 과학에서 본
인간유형

세로토닌형 인간

인간 유형이나 한 시대의 문화를 신경전달물질로 논하는 것은 지나치게 단순화된 측면이 있다. 하지만 어려운 뇌 과학 지식을 일반인에게 전달하는 데는 유용한 방법이다. 세로토닌적 특성을 논하려다 보니 자연스레 그런 특성을 지닌 인간 유형을 이야기하지 않을 수 없다.

세로토닌형 인간을 이야기하려면 공격적 편도체와 전두엽의 조화와 균형을 빼놓을 수 없다. 여기선 전두엽을 중심으로 보다 고차원적인 인간 품성에 대해 이야기한다. 물론 어느 것 하나만 단독으로 인간 행동에 결정적 역할을 하는 건 아니다. 언제나 유념해야 할 것은 4계(자율신경계, 정신계, 호르몬 대사계, 면역계)의 균형

위에서 봐야 하며 나아가 뇌 전체를 놓고 논의해야 한다는 점이다. 아무리 작은 일이라도 뇌의 어느 부위에서 일어나든 곧 전체 뇌 신경회로에 영향을 미치기 때문이다.

세로토닌형 인간도 전두엽과 노르아드레날린, 도파민의 조율과 조절 없이는 절대 만들어질 수가 없다. 이제부터 설명할 세로토닌형 인간의 특징을 잘 살펴보기 바란다.

세로토닌형 인간은 한마디로 세로토닌이 언제나 뇌에 넘치는 사람이다. 앞 장에서 세로토닌의 기능에 대해, 그리고 세로토닌 결핍 증후군에 대해 자세히 논한 바 있다. 따라서 세로토닌형 인간이 어떤 사람일지 쉽게 그려낼 수 있다. 세로토닌의 기능 그대로의 사람이다. 아래 세로토닌형 인간상을 자세히 기술했지만, 세로토닌의 기능을 이해한다면 달리 설명이 필요 없다. 우선 특징적인 면부터 소개하고 대조적으로 우리 마음을 구성하는 3대 유형에 대한 기술도 이 장 말미에 소개하고자 한다.

어려운 상황에도 합리적으로 조절한다

세로토닌형 인간의 라이프 스타일은 겉보기엔 부드러운 것 같지만 속으로는 불타는 열정과 힘을 소유하고 있다. 소극적인 것 같으면서도 적극적이다. 창백한 지성이 아니고 행동하는 양심이다. 상황에 따라 동과 정, 빠름과 느림, 강약을 조절할 줄 아는 균형 잡힌 삶의 전형이다. 그야말로 '차분한 열정'이다.

우리 주변에서 이런 유형의 사람을 어렵지 않게 찾을 수 있다. 여럿이 어울려 놀 때는 신나게 논다. 웃을 때는 파안대소하며, 스포츠에도 열광한다. 환희의 극치, 엔도르핀 상태를 즐긴다. 시시한 영화를 보고도 눈물을 펑펑 쏟는가 하면, 불의 앞에선 진노를 드러낸다.

단, 정도를 넘지 않는다. 때가 되면 다시 평상으로 돌아온다. 절묘한 균형 감각이 작동하는 것이다. 환희를 즐기되 결코 빠지진 않는다. 의분하되 폭력으로 발전하진 않는다. 어찌 엔도르핀의 환희, 노르아드레날린의 격분이 없으랴. 그리고 어찌 스트레스가 없으랴. 하지만 상황이 끝나면 그들은 다시 일상의 평상심으로 돌아온다. 고민, 번뇌, 불면의 밤도 있지만 이들은 쉽게 흘려보낼 줄 안다. 합리적이고 슬기롭게 대처할 줄 안다. 절묘한 조절 기능이 빛을 발하는 건 이때다. 경쟁을 하되 공정하게 하고, 치열한 삶을 살되 다음 순간 적절한 휴식을 취할 줄 안다. 이게 이들의 건강 비결이다.

우리는 한때 일 중독자를 존경하기도 했다. 후발 국가였기에 선진국을 따라가자니 그럴 수도 있었다. 술, 담배, 과로, 스트레스, 운동 부족…… 그러다 결국 쓰러진다. 이게 한국 40대 남성의 사망률 세계 최고라는 안타까운 자화상이다.

그러나 그런 시대는 서서히 마감되고 있다. 이젠 절제와 균형을 아는 생활, 삶이 무엇인지, 삶의 질을 물어야 하는 시점에 이르렀다. 치열하게 경쟁하되 삶을 즐길 줄 아는 세로토닌적 라이프 스타일이 요구되는 시대가 된 것이다. 절제와 균형! 치열하게 살되 결코 도를 넘지 않고 여유를 즐길 줄 아는 라이프 스타일! Work-Life Balance, 이게 우리가 바라는 이상이요, 삶의 목표가 아닌가.

무섭게 집중한다

정신노동자에게 세로토닌의 백미는 뭐니 뭐니 해도 주의집중력이다. 특히 주의가 산만한 청소년기의 학생에게 이것은 결정적 무기다. 실제로 성공한 지식인의 가장 중요한 요인을 분석한 결과 '무서운 집중력'이 1위로 나타났다. 30분의 집중력이 질질 끄는 몇 시간의 정신노동보다 훨씬 효과적이고 성과가 크다는 것은 누구나 경험으로 알고 있을 것이다. 이게 바로 세로토닌 효과다.

세로토닌 상태가 되면 일단 대뇌 신피질의 기능이 살짝 저하된다. 이로써 지나친 흥분이나 스트레스, 근심, 걱정 등의 부정적 생각들, 소위 잡념이 사라진다. 공부하는 데 이보다 고마운 기능이 또 어디 있을까. 한편 그 아래 변연계의 기억력은 향상된다. 물론 주의집중력도 향상되는 성성적적惺惺寂寂의 상태다.

여기서 '기억력 향상'에 대해 부연 설명할 게 있다. 세로토닌 상태가 되면 실제로는 해마의 기억 기능이 저하된다는 사실이다. 하지만 저하되는 것은 주로 부정적 기억이다. 잡다한 기억 가운데 중요하고 긍정적인 것만 편집해 기억한다. 말하자면 기억의 선택성으로 인해 장기적으로는 기억의 향상이 이루어지는 것이다.

이렇듯 세로토닌 상태는 부정적인 기능을 철저히 억제시킴으로써 상대적으로 기분 좋은 긍정적 기능이 활성화되는 것이다. 세로토닌이 뇌 전체를 살짝 기분 좋은 상태로 만들기 때문이다. 이게 세로토닌의 특성이자 고등 기능이다.

흥분과 불안은 가라앉고 잡념이 없어진 상태, 거기다 불필요한 것들은 기억하지 않고 오직 좋은 것만 기억해주는 해마의 선택성. 이런 상태라면 공부가 안될 리 없다. 무서운 집중 상태가 절로 되기 때문이다. 머리가 좋다는 것은 곧 세로토닌 상태를 잘 만들 줄 안다는 뜻이다.

세로토닌 상태가 되면 무슨 일이든 성과가 좋을 수밖에 없다. 머리를 써야 하는 사람에게 이보다 더한 축복은 없다. 세로토닌 기능의 정점은 30분, 길어야 90분 정도 유지된다. 그 시간 동안 무섭게 집중한 뒤 세로토닌이 재충전되기까지 휴식을 취해야 한다. 짧은 시간만 일해도 무서운 집중력으로 하기 때문에 세로토닌형 인간은 노는 것 같지만 공부를 잘한다. 이들의 비결은 여기 있다. 열심히 하는 것만으론 안 된다. 뇌 과학적으로 잘해야 한다. (졸저 『공부하는 독종이 살아남는다』)

목표가 분명하다

세로토닌형 인간에겐 분명한 목표가 있다. 바쁜 생활을 하고 있지만 한 가지 목표에 초점이 맞춰져 있다. 목표 달성을 위해 움직이기 때문에 에너지를 낭비하지 않는다.

목표가 분명하면 웬만한 고충이나 갈등, 스트레스는 문제가 되지 않는다. 장애가 닥쳐도 목표를 이루기 위한 과정이라 생각하며 힘겨워하지 않는다. 결국은 '거기에 가게 된다'는 것을 믿고 있기 때문이다. 어쨌든 이들은 앞을 향해, 위를 향해 꾸준히 밀고 나간다.

그렇다고 무모한 짓을 하진 않는다. 바위가 길을 막고 있으면 바위에 발길질을 하는 대신 돌아간다. 이게 바로 세로토닌형 인간이 지닌 유연성이자 융통성이다.

쑥스럽지만 내 이야길 좀 해야겠다. 나는 하는 일이 많다. 사회정신 의학을 전공한 탓도 있지만 여기저기 기웃거리는 내 천성 때문이기도 하다. 약간의 허영기와 함께 무당 기질도 타고났다. 그래서 생활이 산만하다. 동에 번쩍 서에 번쩍이다. 어쩌다 나를 만나는 사람들은 "아니, 여길 어떻게?" 하며 깜짝 놀란다. 정말 엉뚱한 곳에 나타나기 때문이다. 물론 하는 수 없이 가야 하는 경우도 없지 않지만, 대개는 목적이 있어서 간다.

무엇이 나를 이토록 활력 있게 만들까? 이 문제를 진지하게 생각해 내린 결론은 무엇보다 나는 실제로 젊다는 것이다. 나는 5년

마다 과제를 세운다. 한국 사회가 가장 필요로 하고 사회정신과 의사로서 내가 할 수 있는 일이 무엇일까를 설정한 뒤 그걸 위해 모든 정력을 바친다. 강연, 방송 출연, 집필, 공부도 물론 이 과제에 집중된다.

첫 번째 과제는 1980년 초에 시작됐다. 많은 사람이 농촌을 떠나 도시로 옮겨 왔지만 교통 신호 하나 지킬 줄 몰랐다. 이게 졸저 『배짱으로 삽시다』의 탄생 배경이다. 1980년대 말에는 고도성장에 따른 엄청난 스트레스, 1990년대 초반에는 중년 여성과 청소년, 1990년대 후반에는 세계화, 2000년대 초반에는 문화 운동, 그리고 지금은 건강이 과제다. 2010년부터 5년간은 세로토닌과 창조성을 나의 과제로 정했다. 2015년부터 나의 과제는 초고령 사회를 대비한 예방 운동이다. 이젠 장수가 아니고 건강과 행복이다. 유기농 면역력 운동을 시작한 것도 그 일환이다. 한마디로 늙을 여유가 없다. 끝없는 도전, 창조적 작업, 지적 자극…… 이게 나의 젊음과 건강의 비결이다.

2020년부터의 과제는 젊음과 건강의 세계화, 그리고 삶의 아름다운 마무리다.

쓰라린 경험에서 교훈을 얻는다

이순신 장군이 억울한 옥살이에서 풀려나 다시 남해안 전투에

투입되었다. 하지만 그간 전열은 흩어졌고 병사들의 사기도 말이 아니었다. 게다가 함선은 망가진 몇 척이 전부였다. 아무리 명장이라 한들 이런 상황에서 어떻게 파도처럼 밀려오는 왜구를 물리칠 수 있겠는가. 하지만 공은 달랐다. 공은 임금에게 올리는 상소문에 이렇게 적고 있다.

"신에게는 아직 열두 척의 배가 남아 있습니다."

세계 전쟁사에 이름을 떨친 이순신 장군이 위대한 건 그래서다. 공은 어떤 경우에도 낙담하지 않았다. 언제나 긍정적이었다. 그래서 결코 허둥대거나 당황하지 않았으며, 상황을 객관적으로 보고 냉철하게 대처할 수 있었다. 역사의 기록을 뇌 과학적으로 분석하면 이순신 장군이야말로 세로토닌형 인간의 전형이라 할 수 있다. 이게 나라를 위기에서 구해낼 수 있었던 공의 힘이다. 그리고 빅터 프랭클의 로고스를 각성한 공의 위대한 힘이다.

세로토닌이 부족하면 우울증에 빠진다. 또 우울증에 빠지는 심리적 원인은 매사를 부정적으로, 비관적으로 보기 때문이다. 부정적 사고가 부정적 감정을 만든다. 이렇게 되면 완전히 감정에 휘말려 이성적이거나 합리적인 생각을 못 하게 된다.

세로토닌형 인간이라고 어찌 실패의 아픔이 없으랴. 하지만 그는 회복이 빠르다. 이 점이 다르다. 아무리 밤이 깊고 길어도 새벽이 온다는 걸 그는 알고 있고 믿고 있다. 그래서 지금은 괴롭지만 당황하거나 엉뚱한 짓을 하지 않는다. 당장의 부정적 감정에 휘말리지 않는 것이다. 이게 세로토닌 고유의 기능이다. 세로토닌은 언제나 긍정적인 쪽으로 작동하기 때문이다.

세로토닌형 인간은 쓰라린 경험에서 교훈을 얻는다. 세상이 끝장날 것 같은 절망감을 맛보더라도, 세월이 흐르면 그 일이 그리 절망적이지만은 않았음을 깨닫는다. 이게 복구력Resilience이다. 넘어져도 곧장 일어나는 힘이 있다.

우뇌형이다

한국인은 옛날부터 참으로 부드럽고 은근하며 여유만만이었다. 농사라는 것이 서두른다고 될 일이 아니기 때문이다. 심고 자라 수확할 때까지 차분히 기다려야 한다. 자연 속에 묻혀 자연과 함께 살아갈 수밖에 없다. 개발이니 경쟁이니 할 것도 없었고, 그야말로 전형적인 감성 체질이었다. 뇌 과학적으로 본 한국인의 심성은 우뇌적인 세로토닌형이었다.

대뇌는 좌우 양반구로 나뉘어 있으며 양쪽 기능이 각기 다르다는 게 뇌 과학적으로 밝혀졌다. 우뇌는 좌뇌에 비해 이미지적 사고를 한다. 사물을 파악할 때도 이미지적으로 하기 때문에 공간 파악 능력이 탁월하다. 원을 그려도 손으로 쓰윽 그린다. 좌뇌형이 컴퍼스로 정확히 그리는 것과는 대조적이다. 셈도 서너 개, 네댓 개 등으로 대충 한다. 활을 잘 쏘고 골프를 잘 치는 것도 우수한 공간 파악 능력 덕분이다.

우리는 지성적이거나 이성적이기보다는 감성적이다. 노래와 춤을 즐기고 신나게 잘 노는 것도 우뇌형이기 때문이다. 논리적이고 합리적이기보다는 직감적이다. 감만 떠오르면 덤빈다. 자세히 따지거나 치밀한 준비 없이 감만 잡히면 일단 저지른다. 그러다 보니 중간에 문제도 많이 생긴다. 하지만 기막힌 유연성과 융통성으로 문제를 해결해나간다. 따라서 실패도 많지만 성공도 많다. 대체로 이런 성향이 우뇌형 인간의 특징이다(졸저『우뇌가 희망이다』참조). 이웃 나라 일본이나 미국, 서구 등 소위 20세기 선진국은 대체로 좌뇌형인 데 반해, 우리는 우뇌형이다.

오늘날 당신의 종교적 배경이 어떠하든 한국인의 기본적 심성을 이루는 건 무교성이다. 가무를 즐기고 신이 나면 무슨 일이든 겁 없이 잘해낸다. 감만 잡히면 일을 저지른다.

우리와 비슷한 일본이나 중국에는 없는 한류 열풍이 있는 것도 그런 이유 때문이다. 한류는 노래와 춤으로 사람을 매료시킨다. 2002년 월드컵 때는 국민 모두 붉은 티셔츠에 신명나는 굿판을 벌였다. 전 국민이 무당임을 전 세계에 자랑한 날들이었다. 이렇게 은근하고 차분하던 한국인이 근대화가 시작되면서 경쟁과 스트레스, 조급증 등으로 인해 좌뇌적 성향이 강해지기 시작했다.

실제로 우리의 조선시대 500년 유교 교리는 다분히 좌뇌적이다. 도덕성, 규범, 정직, 정의, 명예 등은 유교의 핵심 교리이다. 그리고 짧지만 일본의 식민지 교육, 해방 후엔 구미식 교육을 받았다. 이는 모두 좌뇌식 교육이다. 따라서 우뇌형인 우리는 필요하면 좌뇌도 쓸 수 있는 양뇌형으로 규정할 수 있다. 최첨단 좌뇌 기술에서 K-POP 등 우뇌 문화, 우리의 양뇌형 심성이 유감없이 발휘된 것이다. 양극성이 조화를 잘 이뤄 한강의 기적이 이뤄졌다. 그런가 하면 좌뇌적 경쟁이 너무 치열해진 것이 문제다. 물론 경쟁을 안 할 순 없다. 하지만 우리는 심하다. 아주 살벌하다.

이젠 옛날의 느긋하고 부드러운 우뇌적 심성을 회복해야 하는 시점에 이르렀다. 스트레스 해소 차원 때문만은 아니다. 우리는 지금 너무 조급하고 인심도 각박해졌다. 마치 생존의 비결인 양 습관화되어가고 있다.

잠시 멈추고 산다는 게 무엇인지 차분히 생각해보자. 세로토닌 회복 운동은 삶의 질을 회복하자는 운동이다. 노르아드레날린적 경쟁, 엔도르핀적 열광 문화에서 이제는 차분한 세로토닌적 문화의 시대를 만들어가야 한다.

사람 냄새가 난다

세로토닌형은 인간적이다. 너무나 인간적이다. 사람 냄새가 나고 훈훈한 정이 묻어난다. 입가에 가벼운 웃음과 함께 온화한 기운이 감돈다. 참으로 부드러운 사람이다. 물 흐르듯 자연스럽다.

무리를 하지 않고 부딪히거나 충돌이 없으니 적이 없다.

지난 세기 산업사회의 살벌한 경쟁은 인간성마저 말살시켰다.

우리는 지금도 찰리 채플린의 영화 〈모던 타임스Modern Times〉를 기억하고 있다. 조립 라인에 서서 계속 밀려오는 나사를 조이는 게 그의 일이다. 잠시 한눈이라도 팔았다간 나사가 수북이 쌓인다. 도대체 이 나사가 어디에 어떻게 쓰이는지도 모르는 채 그냥 기계처럼 움직이기만 한다. 효율 문화의 전형이다. 공장장은 그것도 모자라 자동 점심 식판을 준비한다. 점심을 먹으며 일을 시켜야겠다는 계산이다. 손으로 일을 하면서 입만 갖다 대면 자동으로 기계가 떠먹여 준다. 빨리 먹이려니 속도가 빨라진다. 씹을 틈도 없다. 아, 그 난감해하는 채플린의 표정이라니!

다행히 그런 효율지상의 시대는 서서히 마감되고 있다. 이젠 좀 느려도, 효율성이 떨어져도 말살된 인간성을 회복해야겠다는 운동이 조용히 일어나고 있다. 한국의 드라마 〈대장금〉이 세계인의 심금을 울리는 것도 이러한 흐름과 무관하지 않다. 세계는 지금 빠름에서 느림으로, 동에서 정으로의 바람이 불고 있다. 패스트푸드가 철퇴를 맞고 있다. 느려도 사람 체취가 풍기는 음식을 찾는다.

세로토닌형 인간의 라이프 스타일이야말로 21세기가 지향하는 삶의 모습이다. 기업도 단연 인간 중심의 문화로 변해가고 있다. 개개인의 의견을 반영해 직원 모두가 창조성을 발휘할 수 있게 한다. 그럼으로써 자기 성취감을 얻고 소속감을 갖게 만든다.

선의의 경쟁을 하되 공정하게 한다. '이기느냐, 지느냐'가 아닌 모두가 함께 잘 사는 원-원Win-Win 체제로 바뀌어 간다. 당연히 직원들 사기가 올라간다. 이런 회사가 망할 리 없다. '인간 경영'이란 말도 이러한 시대적 요청에서 출발했다. 살벌한 경영 공부 대신 인간적인 기업 운영이 더 효율적이란 생각에서다. 이젠 그런 인간의 시대가 오고 있는 것이다. 참으로 반가운 일이다.

베풀어 행복하다

에리히 프롬의 명저『사랑의 기술』에서는 '완숙한 사랑'을 '나누고 베풀수록 더 샘솟는 것'이라고 정의한다. 내 젊은 날의 즉각적 반응은 '어떻게 그럴 수가?'였다. 주면 그만큼 내게 있는 게 줄어드는 건데, 이건 너무도 명백한 계산법인데, 늘어나다니? 우리는 딱하게도 이런 계산법에 익숙해 있다.

하지만 잘 생각해보자. 내가 베풂으로써 그가 행복해하고 좋아하는 모습을 보면 나도 덩달아 그렇게 된다. 이게 바로 뇌 속 거울 신경세포의 신비스러운 기능이다. 거울 신경 때문에 다른 사람의 표정이나 행동을 보면 나도 절로 그렇게 된다. 우린 이걸 '공감'이라 부른다. 나의 베풂에 상대가 미소 지으면 나도 미소 짓게 된다. 반대로 내가 쌀쌀맞게 굴어 상대가 기분 나빠 하면 나도 기분이 나빠진다. 이는 인간뿐 아니라 동물도 똑같다는 게 실험적으로 증명되고 있다.

인간은 본능적으로 이타적이다. 남을 위해 좋은 일을 할 때 상대가 즐거우면 나도 즐겁다. 이건 뇌 과학적으로 증명되고 있다. 우리 뇌 속엔 거울 신경이 있어서 상대의 감정이나 행동을 보면 내 뇌 속에서도 같은 부위의 신경이 활성화된다. 하품이 전염되는 것이나 상대가 밥을 맛있게 먹으면 나도 덩달아 맛있게 먹게 되는 것도 그 때문이다. 영화나 좋은 경치도 함께 보면서 공감해야 즐거움이 더 커진다. 섹스도 기본적으론 상대를 즐겁게 해주는 행위다. 즐거워하는 상대를 보면서 나도 즐거워지는 것이다.

굳이 뇌 과학이 아니라도 인간에게는 이타적 본성이 있음을 우리는 일상에서 자주 경험한다. 아무리 나쁜 사람이라도 이타적 본성은 있다. 다만 '주면 손해'라는 계산법이 고착화되어 있어 실천하기가 쉽지 않을 뿐이다. 따라서 '더 가져야 행복'이라는 도파민적·엔도르핀적 가치관에 얽매이게 되고, 그렇게 되면 아무리 많이 가져도 부족하다. 불평불만이 절로 나올 수밖에 없다. 이보다 불쌍한 사람이 또 있을까?

세로토닌적 삶을 살면 이타적 본성이 더욱 강화된다. 이게 세로토닌적 가치관, 세로토닌형 인간의 궁극적 이상이자 축복이다. 그리고 잊지 마라. 알고 보면 당신에게도 그런 본성이 강하게 있다는 사실을!

자연친화성 지능이 높다

세로토닌형 인간은 자연을 사랑한다. 누가 자연을 싫어할까마는 세로토닌형 인간의 자연 사랑은 남다르다. 자연을 대하는 자세부터 다르다.

바쁜 도시인들을 보라. 아침 출근길에 쫓기느라 미처 자연을 느낄 겨를이 없다. 베란다에 핀 꽃에도 눈길이 가지 않고 매미 소리도 들리지 않는다. 도심의 생활은 오감五感을 닫고 사는 생활이다. 꼴 보기 싫어 눈을 감고, 매연 냄새에 코를 막고, 소음에 귀를 닫는다. 이웃과 인사도 하지 않고, 마음마저 닫고 산다. 열려 있는 것은 오직 비상 감시망뿐이다. 행여 누가 나한테 해나 끼치지 않을까, 바짝 긴장해야 한다. 잠시도 편치 않다. 바스락 소리에도 도둑이 아닐까 바짝 긴장한다. '삭막한 도심', '감성이 메말랐다'는 소리가 절로 나온다.

하지만 그건 큰 착각이다. 도심에도 지천에 널린 게 자연이다. 정원의 나무 한 그루, 길가의 가로수, 한 정거장만 가도 보이는 미니 공원, 고개만 들면 사방이 산이다. 우리는 정말이지 천혜의 자연을 타고난 축복받은 민족이다. 단지 우리가 못 보고 못 듣고 못 느낄 뿐이다. 너무 바쁘고 쫓기기 때문이다.

조금만 찬찬히 여유를 가져보라. 뜰에 핀 꽃에도 눈길이 가고, 새들의 지저귐도 들릴 것이다. 그래, 이 소리! 얼마나 정겨운가.

마음이 그지없이 편안해진다. 이러는 순간 신경 소포에서 세로토닌이 터져 나온다. 잔잔한 감동이 일렁인다. 이게 세로토닌형 인간의 라이프 스타일이다.

그냥 좋다는 것만으로는 안 된다. 정말이지 눈물이 핑 돌게 감동해야 한다. 이 점에서 세로토닌형 인간은 단연 압권이다. 온몸에 잔잔한 전율이 일어난다. 자연을 느끼는 게 얼마나 소중한 일인지를 깨닫는 것이다. 자연은 그 자체로 세로토닌이자, 세로토닌의 보고다.

자연에서 얻는 감동 파동은 온몸의 세포에 전달된다. 이럴 때비로소 도심에서 찌든 피로하고 노쇠한 세포 하나하나가 신선한활력으로 넘치게 된다. 이게 자연이 주는 진정한 휴식이다.

도심에서의 휴식은 커피나 드링크류일 뿐이다. 도심의 오염된환경에선 현실적으로 어쩔 수 없는 일이려니! 하지만 조금만 연구하면 도심에서도 얼마든지 자연이 주는 감동을 맛볼 수 있다. 베란다에서 키우는 꽃이나 가로수처럼 지천에 널린 게 자연이다. 바쁘게 쫓기지만 않는다면, 그리고 조금만 여유를 갖는 슬기를 더한다면, 잔잔한 감동은 결코 멀리 있지 않다는 걸 체험할 수 있다.

세로토닌형 인간은 이러한 체험을 일상적으로 한다. 자연친화성 지능이 높기 때문이다. 자연과 함께 푸라 비다Pura Vida, 행복의 주문-코스타리카의 인사말!

정서적으로 안정적이다

세로토닌의 가장 긴요하고 우리에게 필요한 기능은 조절력이다. 이게 있음으로써 자칫 극단으로 치닫기 쉬운 우리 기질을 잘 조절하여 정서적 안정과 함께 평상심을 갖게 해준다.

인간의 본성 가운데 중요한 항상성의 유지에도 세로토닌의 공헌은 절대적이다. 환경이 어떻게 변하든 우리 몸은 항상 일정하게 유지되어야 한다. 이게 무너지면 건강이, 나아가 인간이 무너질 수도 있다.

세로토닌은 우리가 너무 우울할 적엔 기분을 올려주고 너무 흥분할 적엔 좀 가라앉혀 줌으로써 평상심을 유지해준다. 이런 상태에서 우리 뇌는 그 기능을 100% 발휘하여 여러 가지 생산적이고 창조적인 일을 해낸다.

창조적이고 진취적이다

세로토닌 신경은 전두엽에까지 분포되어 있다. 세로토닌 신경이 활성화되면 전두엽의 인간 최고의 기능 역시 활성화된다. 따라서 세로토닌형 인간은 지적 호기심, 탐구심이 넘쳐나며 언제나 주인의식이 강해 여러 가지 문제 제기와 동시에 스스로 해결하고자 하는 의지가 강하다. 문제 해결을 위해 창조성을 발휘한다.

이럴 때는 전두엽의 작업뇌를 위시해서 정보의 창고인 무의식의 용광로, 변연계 등 전뇌가 활성화된다. 창조적인 일에 몰두하는 것은 전뇌가 참여하는 지적 정서적 활동이라 이것 또한 젊음과 건강의 비결이 된다. 진취적인 성향 역시 세로토닌형 인간의 특성이며 모험심, 탐구심을 발휘해 새로운 세계로 발전하는 데 큰 기여를 한다.

창조라고 해서 거창한 걸 만들어내는 것만은 아니다. 오늘은 무슨 옷을 입고 나갈까를 생각하는 순간에도 우리 뇌는 창조성으로 넘친다. 날씨도 생각해야 하고 가는 장소의 분위기, 만나야 할 사람 등 여러 조건들을 머리에 넣고 그리면서 무슨 색깔, 어떤 옷을 입어야겠다고 결론을 내린다. 막상 입고 보니 너무 튀는 것 같으면 또 바꾼다. 이 모든 과정이 바로 창조의 과정이다. 이러는 순간 우리 뇌에는 참으로 많은 정보들이 오간다. 취사선택하는 것도 쉬운 일이 아니다. 과거의 경험도 떠올려야 한다.

우리는 일상에서 많은 창조를 하고 있다. 골똘히 생각하는 순간, 우리 뇌는 완전히 거기에 몰입된다. 심리학에선 이런 순간의 뇌 상태를 '몰입Flow'이라고 부른다. 때로는 상당한 시간을 들여 고민해야 할 때도 있다. 하지만 좋은 아이디어가 떠올라 결론이 나면 아주 마음이 가벼워진다. 이런 전 과정이 창조요, 이런 과정이 우리를 젊고 건강하게 하는 비결이다.

긍정성

　세로토닌형 인간은 언제나 긍정적이다. 세로토닌의 기능 중 중요한 것은 걱정, 근심, 스트레스 등 부정적인 전두엽 기능을 살짝 억제함으로써 매사에 긍정적일 수 있도록 돕는 것이다. 그러는 반면 그 아래 변연계의 편도체, 해마의 기능은 더욱 활성화되어 성성적의 경지에 놓이게 한다. 이런 상태는 가벼운 명상을 통해 확연해지지만 세로토닌 수련이 잘된 사람에겐 평소에도 이런 긍정회로가 작동하게 된다. 세로토닌의 기능 자체가 냉철한 각성을 하게 함으로써 세로토닌형 인간의 긍정성을 더욱 강화한다.

　세로토닌형 인간의 축복은 긍정성이다. 결핍으로 인해 우울증에 시달리는 사람, 혹은 자살까지 생각하는 사람과 비교하면 이보다 큰 축복이 달리 없다. 앞에서 세로토닌을 여러 측면에서 이야기 했지만 결론은 세로토닌형 인간이야말로 우리가 추구하는 가장 이상적인 인간상이라는 생각에 이르게 된다. 우리 주변에서도 볼 수 있는 사람이다. 이런 사람과 함께 있으면 내 마음도 편안하고 믿음직하다. 내게도 세상이 온통 긍정 일색으로 된다.

　세로토닌형 인간은 자기에 국한된 축복이 아니다. 주위 사람까지 긍정적인 파장이 넘치게 한다. 이런 사람과 가까이 있을 수 있는 것도 축복이다.

내향성(內向性)

통계에 의하면 3인 중 한 사람은 내향성이라고 할 만큼 내향성인 사람이 많다. 그러나 외향성이라야 성공한다는 사회적 편견이 심하다. 따라서 내향성도 외향적인 것처럼 되려고 무진장 노력한다. 하지만 이런 노력은 번번이 실패하고, 이런 상황을 몇 차례 겪고 나면 심한 열등감에 빠지기도 한다. 이런 영향은 세일즈맨 등장으로 더욱 심해졌다는 게 수잔 케인Susan Cain의 주장이다. 그리고 이런 성향은 선천적으로 타고나는 것이어서 내향이 외향으로 바뀌지는 않는다. 외향적인 사람을 부러워하지만 실은 '가짜 외향'이 많다는 사실이다. 내향인데 외향인 척하는 사람이 많기 때문이다.

내가 현역 시절 가장 많이 상담 받은 게 내향성의 고민이었다. 졸저『내성적인 사람이 강하다』는 책이 베스트셀러가 된 배경에는 '내향은 열등하다'는 생각을 하는 사람이 많기 때문이다.

물론 100% 내향, 외향은 없고 비율로 생각하면 쉽다. 가령 내 경우 내향 60%, 외향 40%로 진단한다. 그러나 사람들은 나를 평가할 때 100% 외향이라 생각한다. 하지만 우리가 외향성이라 생각하고 있는 사람 중 상당수가 실은 내향성으로 고민하는 경우가 많다.

내향성으로 타고난 사람의 뇌 과학적 특징이 있다.

첫째는 신경회로가 외향보다 길고 복잡하다. "요즘 어때?" 하는 친구의 수인사에도 생각할 게 많다. '왜 묻지? 내 안색이 안 좋아

행복도 배워야 합니다

보이나. 무슨 부탁을 하려나?' 등 온갖 생각이 오간다. 반응이 느릴 수밖에 없다. 다각적으로 숙고를 해야 하기 때문이다.

둘째, 도파민 감수성이 높아서 작은 양의 도파민으로도 만족하기에 큰 욕심이 없다.

셋째, 부교감 신경이 우위에 있다. 대체로 자상하고 혼자의 휴식을 즐기고 혼자만의 생각에 잘 빠진다. (하버드 대학의 제롬 케이건 Jerome Kagan, 그의 명저 『조용한 사람이 세상을 바꾼다』에서)

이상의 몇 가지 특징은 세로토닌형 인간의 전형이다. 그리고 앞으로의 시대는 내향성의 시대라는 사실을 잊어선 안 된다. 외향으로 바뀌려고 하지 말고 자신을 있는 그대로 받아들여라. 당신은 외향성 사람에게 없는 크나큰 장점을 타고났다는 사실을 확인하라.

세로토닌형 인간의 전형

1975년 3월 5일. 밤비가 내리는 으스스한 밤, 캘리포니아 맨로 파크에 젊은 엔지니어 몇 사람이 모였다. 한 친구의 차고에서 '홈 부류 컴퓨터 클럽'이라는 이름의 첫 모임이 열렸다. 이들의 목적은 오늘날 우리가 쓰고 있는 '개인 컴퓨터'를 만들자는 것. 그중에 휴랫 팩커드에서 전탁기 설계를 맡고 있는 24세의 청년, 스티브 워즈니악Steve Wozniak도 있었다. 그는 끝까지 이야기를 경청하고 흥분 속에 큰 자극을 받는다. 그도 이런 생각을 해온 지 오래되었는

255

PART 5. 뇌 과학에서 본 인간유형

데 같은 뜻을 가진 동료가 있다는 게 큰 격려가 되어 매주 수요일 밤 이 모임엔 꼭 참석했다. 그러나 워낙 내성적이라 말은 않고 언제나 듣기만 하는 쪽이었다. 하지만 일단 귀가하면 키보드와 스크린이 붙어 있는 PC 설계에 몰두한다. 그리고 10개월 후, 그는 스티브 잡스와 함께 애플 컴퓨터를 설립한다. 그러나 누구와도 PC 설계를 함께한 적은 없다. 그는 언제나 혼자였다. 6시 반 출근하여 그의 작은 휴렛 팩커드 연구실에서 혼자 PC 설계에 밤늦게까지 몰두했다.

이 고독한 날들을 그는 생애에서 가장 좋았다고 기억하고 있다. 1975년 6월 29일 밤 10시 경, 그가 키보드를 탁, 치니까 눈앞 스크린에 문자가 나타난 것이다. 와! 이거다. 이게 세계 역사를 바꾼 순간이었다. PC 제1호가 완성된 순간이다. 그는 일부러 이 모든 일을 혼자 했다.

그는 자서전에서 위대한 창조를 꿈꾸는 어린이들에게 이렇게 조언하고 있다. '내가 지금까지 만났던 모든 위대한 발명가나 엔지니어의 반은 나처럼 내성적이고 자기만의 세계에서 살고 있다. 이들은 모두 혼자다. 혼자서 일하는 게 제일 좋다. 누가 잔소리하면 자기 발명품 설계를 컨트롤 당한다. 난 어떤 위원회도 혁신적 발명품을 개발했다는 이야기를 들어본 적이 없다. 혼자서 작업해야 혁신적인 일을 해낼 수 있다.'

많은 연구자들이 결론 짓기를, 대단한 창조성을 가진 자는 '차분

행복도 배워야 합니다

한 내향성'이라는 데 의견을 함께한다. 그리고 모두 단독 작업을
한다.

 우리는 세로토닌형 인간상을 자세히 그려보았다. 사회를 구성
하는 세로토닌형 인간이 많을수록 그 사회는 안정되고 평화로운
행복의 나라, 이상향이 된다.

노르아드레날린형 인간

　마찬가지로 노르아드레날린형 인간이 많을수록 노르아드레날
린형 사회가 된다. 단 여기에는 두 가지 타입이 있다. 인간에겐 노
르아드레날린이 적당히 있어야 활력이 생기고 뭔가를 해볼 생각
이 난다. 용기와 결단력도 노르아드레날린이 주는 선물이다. 이게
부족하면 우리는 운전해볼 엄두도 못 낸다. 너무 겁이 많아 위축된
나머지 작은 스릴도 감당하지 못하는 아주 나약한 인간이 된다.

　문제는 노르아드레날린이 너무 많이 분비되어 넘치는 경우다.
겁도 없다. 때로는 폭력적이기도 하다. 혹은 너무 장기간 몸에 남
아 우리가 적절히 처리하지 못할 때, 우리는 이를 스트레스라 부른
다. 여기에는 집에 강도가 들어온 경우 등 급성 스트레스가 있고

회사 상사가 마음에 안 들어 만성 스트레스가 되는 경우가 있다.

현대 사회를 스트레스 사회라 부르고 있다. 그 속에 사는 인간이면 누구나 스트레스 속에 있다고 볼 수 있다. 문제는 이게 잘 처리되지 않을 때 소위 스트레스 증후군이 생겨 우리 몸에 여러 가지 병적 문제를 일으키는 원인이 된다는 점이다. 스트레스의 현명한 과학적 대처가 무엇보다 중요하다.

도파민형 인간

도파민은 쾌락 물질이다. 이것이 분비되면 기분이 좋다. 게임을 해서 이기면 기분이 좋다. 또 하고 싶다. 해서 이를 '의욕 호르몬'이라 부르기도 한다. 공부를 열심히 하면 성적이 올라 기분이 좋고 주위로부터 칭찬을 들으니 기분이 좋다. 이게 공부에 맛을 들인 상태다. 긍정적인 측면이다.

그러나 부정적인 측면도 있다. 도박장에서 돈을 따면 기분이 좋다. 또 가고 싶다. 적당한 선에서 따고 잃고, 자기 조절이 잘 되는 범위에서 즐겨야 건전한 도박인데 여기에 아주 빠져 중독이 되는 경우 큰 문제를 일으킨다. 이게 도파민의 약점이다. 한번 맛을 들이면 끊기가 힘들다. 계속 더하고 싶다. 더, 더. 심리학에선 이를

'More Psychology(더 더 심리)'라고 부른다. 이게 충족이 되면 기분이 좋지만, 안 되면 즉각 불평불만이 터진다.

도파민 신경에는 자기 억제 회로가 없다. 사람 욕심에 끝이 없는 건 이 때문이다. 도파민도 적정선에서 분비되고 내가 컨트롤할 수 있는 범위라면 이보다 좋을 순 없다. 문제는 중독성이다. 도박, 술, 담배, 마약, 인터넷 게임 중독까지 한국의 중독 환자는 700만 명으로 추정하고 있다.

우리는 앞 장에서 마음의 3요소라는 내용으로 이 문제를 간단히 언급했지만, 인간적 성품이나 사회 병리적 문제로까지 파급되는 심각한 문제이기에 사회적 측면까지 언급하기 위해 다시 쓴다.

하루를 바꾸는
마법의 호르몬

PART 6

이젠
세로토닌의 세기

건강체는 세로토닌이 만든다

심신의 조화와 균형

지금까지 우리는 세로토닌의 정서적 측면을 중심으로 논의해왔기에 세로토닌의 기능 역시 정서적 측면의 논의가 전부였다. 그러나 세로토닌형 인간의 특성이나 세로토닌 테라피 등의 구체적 내용을 들여다보면 세로토닌적인 모든 측면은 신체적 건강과 밀접한 상호연관을 갖고 있다는 것을 한눈에 볼 수 있다.

우선 세로토닌형 인간의 특성을 보라. 완벽한 정서적 안정성은 당연히 신체적 건강과 직결된다. 크게 보면 인간의 건강은 심신의 조화와 균형을 따라오게 되어 있다. 정서적 안정감 없이 신체적 건강은 있을 수 없다. 우리는 전통적으로 심신 수련을 강조해왔다. 마음을 잘 다듬고 조율이 잘 되어야 신체적 건강이 따라온다. 엄밀히 말하면 심신의 균형은 사실 하나이다. 심신일원론은 이에서 비롯된다. 이게 서양 의학의 심신이원론과는 엄연히 다른 동양적 해석이다.

시상하부의 4대 시스템

구체적으로 심신의 밀접한 상호연관을 설명하기 위해 먼저 생명을 관장하는 시상하부의 4대 시스템을 살펴보자.

① 자율신경계 ② 호르몬 내분비계 ③ 면역계 ④ 정신계다. 생명과 직결되는 4대 시스템은 시상하부에 함께 모여 있어서 각 계통이 독립적으로 기능하지 않고 상호 영향을 주고받으며 기능한다. 스트레스가 잘 조절되어 편안하면 시상하부의 다른 계통도 함께 조용해지고 안정성이 생긴다. 만약 교감 우위의 스트레스 상황이 되면 즉각 내분비계의 스트레스 호르몬이 분비되고 면역력이 저하된다. 따라서 만병의 근원이 되는 면역력을 증강시키려면 4대 계통의 조율과 안정성은 필수다. 이런 상태에선 자율신경의 안정화로 장에도 유익균이 증가하면서 면역력이 강화된다. 이것만으로도 정서적 건강과 균형, 조화가 신체에 미치는 영향의 절대적인 상관관계가 증명된다.

세로토닌의 고유 기능

세로토닌 고유의 기능을 살펴보면 신체적 건강과의 연관성은 의심할 여지가 없다. 긍정정서, 편안함, 행복이야말로 세로토닌이 안겨주는 축복이요 선물이다. 만병을 만드는 스트레스가 잘 관리되고 면역력이 강화되면 우리의 신체적 건강은 절로 따라온다. 세로토닌의 강력한 조절력은 극한의 상황이나 내적 환경을 잘 조정함으로써 정서적, 신체적 안정을 도모한다. 대뇌피질의 걱정거리 등을 살짝 억압함으로써 우리 심신을 편안하게 해준다. 숙면을 하게 함으로써 피로 회복은 물론이고 체내 리듬을 자연 리듬과 조화시켜 규칙적인 생활 리듬이 가능하게 된다. 통각을 경감함으로써 심신을 편하게 해준다. 항중력근에 작용해 자세를 반듯하게 하고, 마음의 안정과 편안함은 곧바로 신체에도 영향을 미친다. 몸이 찬 냉성이 교정되며 변비가 해결된다. 세로토닌의 대표적인 기능만 나열했지만 이것만으로도 신체적 영향은 증명된다. 이들은 모두 신체적 건강을 만드는 필수 조건들이다.

예방의 시대, 면역의 시대

의학은 두 갈래로 발전되어간다. 치병 의학은 병이 나면 병원에 가서 치료를 받는다. 이 분야에서 우리 한국 의료 수준은 세계 정상이다. 현대 서양 의학을 주축으로, 거기다 우리는 한국의 전통 의학인 한의학이 함께 발전되어 오고 있다.

문제는 예방 의학이다. 병이 나기 전에 예방을 하는 것이 이상적인데 우리 한국인은 의학뿐만 아니라 모든 분야에서 예방 개념이 희박하다. 안전사고가 우리보다 많은 나라가 또 있을까? 건축 현장을 지켜보노라면 저러고도 무너지지 않는 게 이상하다. 문제는 건강이다. 집이야 무너지면 새로 지으면 되지만, 건강은 한번 무너지면 대개는 평생을 고생한다. 이제 우리는 장수가 아니라 건강을 생각해야 할 때다.

설마 내가! 한국 사람은 참 낙천적이다. 뭘 믿고 저러는지 의사 눈엔 참으로 걱정이다. 이번 코로나19 사태가 그나마 다행인 점은 이제 예방을 위한 면역력이 얼마나 중요한지를 깨닫게 해주었다는 점이다. 면역력이 튼튼하면 함께 있어도 안 걸리고 걸려도 감기 앓듯 가볍게 넘어간다. 지금 우리나라는 독감으로 1년에 3,000명이 사망하고 있다. 코로나19 등의 신환이 계속 늘고 있다. 다들 방역당국이 시키는 대로 잘들 하고 있는 게 신기하고 고맙다. 그래도 확진자는 산발적으로 보고되고 있다. 언제 끝날지 모른다. 끝나도 또 온다. 코로나19만이 아니다. 치매, 암, 당뇨, 고혈압 등 생활습관 병에도 면역이 절대적이다. 우리 한국은 세계에서 제일 빠른 속도로 초고령 사회로 진입하고 있다. 그리고 고령 환자 수도 계속 증가하고 있다. 고령자가 건강 보험의 40%를 차지하고 매년 20%씩 증가하고 있다. 이젠 건강이 애국이다. 그리고 앞으로는 면역력 싸움이 관건이다.

면역은 장관에서 70%, 뇌에서 30% 생성된다. 그리고 어느 쪽이든 세로토닌이 풍부해야 면역력이 튼튼해질 수 있다는 걸 명심해야 한다. 시상하부의 면역계는 정신계, 자율신경계, 호르몬 대사계의 직접적인 영향 하에 있다.

우리는 백신에 큰 기대를 걸고 있다. 백신의 문제는 특정 항원에만 항체가 생겨 예방 효과를 발휘하지만 다른 병에는 전혀 도움이 안 된다는 사실이다. 코로나19에도 벌써 변종이 보고되고 있는데, 과연 이 변종에도 예방 효과가 있는 것인지 좀더 기다려봐야 한다.

결론적으로 백신을 포함한 방역보다 개인의 면역력을 키우는 것이 가장 안전하고 폭넓은 예방효과를 기대할 수 있다.

건강 사회도 세로토닌이 만든다

우리는 앞 장에서 세로토닌 결핍 증후군에 대해 자세한 논의를 한 바 있다. 어느 하나 심각하지 않은 게 없지만 특히 조절력 약화는 건강만인가, 엄청난 사회적 파장까지 몰고 온다. 보복 운전, 문지 마 살인, 부부 싸움 끝에 자기 집에 불을 지르는 사람…… 이런 뉴스를 접할 때마다 솔직히 허탈감에 빠진다. 아니, 어떻게 그럴 수가 있어? 길을 나서기 두렵다.

사회적 건강이란 사회 구성원이 마음 놓고 편히 살 수 있는 사회다. 이게 건강 사회의 기본이다. 분노조절장애는 정신과에서도 잘 다뤄야 하는 중대한 문제다. 별일도 아닌 일에 분노 폭발, 걷잡을 수 없는 폭력을 휘두르는 사람. 정말 으스스한 세상이다. 나는 우리나라의 총기 컨트롤이 엄격히 잘 되고 있다는 점이 그렇게 고 마울 수가 없다. 절제와 조절심이 약한 사람에게 총은 참으로 무 서운 흉기다.

우리는 앞 장에서 세로토닌형 인간상을 자세히 그려봤다. 이런 구성원이 모인 사회라면 그 사회는 절로 세로토닌적 건강 사회가 될 것이다. 그러기 위해선 구성원 모두가 공公이라는 개념이 몸에 익어야 한다. 자신의 작은 불편이나 희생을 감수하고 대大를 위한 공적 개념에 투철해야 한다. 사회를 병들게 하는 건 극단의 이기 주의다. 우리는 현대 문명의 멸망을 예견한 바 있다. 극단의 이기 주의와 무한경쟁을 축으로 하는 문명이기 때문이다.

세로토닌 예술단

우리 문화원에서 중학생들을 위한 드럼 클럽 사업을 시작한 지 10년이 되었다. 중학교 2학년 시기는 누구나 겪어온 세대지만 가 장 정서적으로 흔들리고 문제가 심각한 연령대이다. 왕따, 학교폭 력이 가장 심각한 나이이기도 하다. 그리고 그 내용이 아주 끔찍 하고 잔인하다. 피해자 중엔 자살자도 나온다. 전학을 가도 소용 없다. 아이들은 아주 집요하고 끈질기다. 전학 간 학교 아이들에 게 전학 온 아이를 그냥 두지 말라고 메시지를 보낸다. 우리가 중 학생을 상대로 이 사업을 벌이는 데는 이런 딱한 사연이 있기 때문이다. 학교마다 큰 북을 15개씩, 그리고 얼마간 가르칠 선생님까지 해서 클럽을 발족시킨다. 물론 교장 선생님과 지도 교사의 열정이 성패를 좌우한다. 지난 10년간 고맙게도 삼성 생명에서 거금을 쾌척하여 사업비에 충당하고 있다. 일 년에 몇 차례 드럼 클럽 캠프가 청소년 수련원에서 열리고, 해마다 창단식과 경연대회가 열린다. 그리고 작고 큰 행사에 클럽 아이들의 초청 연주가 열리는데, 지난 아시안 게임에도 멤버들이 출연하여 각국 선수들로부터 큰 환영을 받았다. 현재 230개 중학교, 약 6천 명이 동참하고 있다.

제1기생이 주축이 되어 결성한 세로토닌 예술단의 감동적인 이야기는 잊을 수 없다. 그중엔 말썽꾸러기도 있었지만 북을 치면서 완전히 착한 아이들로 변신해 고등학교와 대학교 장학생이 되었다. 국내외 초청 연주로도 바쁜 하루를 보내고 있다.

중학교에서의 성공 사례를 군대에까지 연장했다. 여기에는 많은 기업이 참여하여 '1사 1부대' 정신으로 북 클럽의 모든 경비를 부담하고 있다. 그리고 문화원에서도 '국군 장병에게 감사의 북을 보내기' 운동을 펼치고 있다.

지난번 영국 에드워드 왕자가 한국에 왔을 때 드럼 클럽 연주를 보고 영국에도 발족식을 가졌으며 필리핀, 태국에도 클럽이 설립되는 등 국제적인 운동으로 되어가고 있다.

요즘은 졸업생들이 강사 자격 훈련을 마치고 모교 후배들을 지도하는 등 선후배간의 돈독한 우의를 자랑하고 있다.

세로토닌 문화 운동

세로토닌 문화엔 3대 미션이 있다.
- 차분한 열정으로 국격을 높인다.
- 창조적 공부로 성공을 일군다.
- 잔잔한 감동으로 건강, 행복을 가꾼다.

세로토닌을 국민운동으로 승화하자는 취지로 현재 230여 명의 후원 회원들이 활약 중에 있다. 참으로 고마운 회원들이다. 최근엔 지자체에서도 많은 지원을 아끼지 않고 있다. 이번 코로나19 사태를 겪으면서도 느꼈지만 국민 모두가 세로토닌적 심성을 지녔다면 얼마나 좋았을까 하는 아쉬움이 컸다. 그래서 최근엔 빅터 프랭클의 '죽음의 포로수용소에서'의 체험을 바탕으로 한 로고테라피(의미치료)를 함께 연구하자는 모임이 결성되었다. 연구회가 주관하는 아카데미 회원으로 등록하여 소정의 과정을 마치면 의미치료사 자격증을 발급받을 수 있다. 지난 10월 첫 강의가 시작되었는데, 전 세계에서 100명 회원이 등록 신청하였다. 우리도 깜짝 놀랐다. 석박사 학위자가 반을 넘었다. 우선 70명만 등록을 받고 나머지는 다음 차수로 미룰 수밖에 없었다. 그리고 최근 세로토닌 운동에 적극 동참하겠다는 젊은 의사들도 있고, 또 자연 치유학회도 동참함으로써 아주 활발한 세로토닌 운동이 전개될 것으로 기대된다.

합리성

물리력으로 문제를 해결하려고 하는 사람들이 많다. 주먹이 먼저이며, 합리적 토론보다 감정 폭발이 우선이다. 이렇게 다양하고 복잡한 사회이니, 갈등과 충돌이 많을 수밖에 없다.

그럴 때 우리가 해야 할 일이 합리적 토론이다. 대화를 해야 한다. 아예 회의도 안 하고 일방적인 자기주장만 하는 경우도 있고, 겨우 회의가 성립되어도 본격적인 토론이 시작되기도 전에 감정 폭발하여 그만 회의장을 폭력이 난무한 난장판으로 만드는 경우도 있다. 다음 순서는 머리에 띠를 두르고 현수막엔 무시무시한 표어가 나부낀다. 그리고 대로를 막고 데모 행진이 시작된다. 자신의 이익을 위해 한 나라의 수도 교통이 마비되는 것쯤은 아랑곳하지 않는다. 경찰 제지선은 있으나 마나다.

우리는 이런 어이없는 꼴을 사흘이 멀다 하고 당해야 한다. 이게 어찌 자유 민주 국가라 할 수 있는가. 내 주장은 하되 상대의 의견도 끝까지 신중히 듣고 판단을 해야 한다. 그리고는 서로의 의견을 절충한 타협안이 나와야 하는 게 자유민주주의의 기본이다. 이걸 못 하면 자유 민주 시민의 자격이 없다. 이건 폭력이다. 민주주의는 합리적 토론과 절충이지, 자기 이익만 일방적으로 주장하는 건 민주 시민으로서 자격 상실이다.

모이면 과격해지는 게 군중 심리다. 언어폭력은 끝내 물리적 폭력으로 넘어간다. 이 나라에 진정한 자유 민주주의가 설 날은 언제쯤일까. 이런 광경을 지켜보는 외국 사람은 한국 사회를 어떻게 평가할까. 이게 모두 국격國格에 영향을 미친다. '저 사람들이 뭐 하나 옳게 만들겠나.' 이런 생각이 든다면 메이드 인 코리아Made In Korea를 사고 싶은 생각이 들겠나. 사도 싸구려로 살 생각뿐일 것이다.

우리가 세로토닌 운동을 열심히 펼치고 있는 사연이 이해되었으면 좋겠다.

코로나19 사태가 보여준 교훈

우리도 초창기엔 처음 대해보는 바이러스라 다소의 혼란은 겪었지만, 전 국민이 일치단결하여 보여준 방역체계는 우리 자신도 놀랐다. 무엇보다 소위 선진국에서 보여준 폭력 사태나 사재기 소동이 일어나지 않았다. 마스크 행렬에도 질서정연했다. 작은 마찰이나 충돌은 있었지만 사회적 거리두기 운동은 큰 성과를 거두고 있다. 불편해도 잘 참고 협조해준 덕분이다. 진단 시약 개발도 빠르고 사망률도 낮다.

우리 의학의 발전이나 의료인들의 헌신적 노력의 결과겠지만, 국민 모두가 당국의 지시를 잘 따라준 덕분이다. 아직 안심 단계는 아니라지만 초기에 비하면 한결 안정이 되어가고 있다.

전국에서 모여드는 성금이나 구호품은 참으로 감동적이다. 이와 같이 일단 우리는 유사시에 일치단결한다. 문제를 정확히 파악하고 기막힌 융통성, 민첩성을 발휘하여 문제 해결의 열쇠를 가지고 나온다.

이제 세계는 우리 한국을 주시하고 있다. 그래서 난 내 유튜브를 통해 「역을 역으로」라는 내용을 방송한 바 있다. 역경을 오히려 하나의 메리트로 승화시키자는 역전의 발상이다. 그럼으로써 우리의 국격을 한 차원 높은 단계로 끌어올릴 수 있는 절호의 기회로 이용하자는 것이다. 개인에게 품격이 있듯이 나라에도 국격이 있다. 국격이 높은 수준이 되어야 메이드 인 코리아가 옳은 값을 받고 코리안Korean이 옳은 대접을 받는다.

이번 사태를 겪으면서 '선진국도 별것 아니구나' 하는 생각이 들었다. 불편해도 조금만 참고 당국의 지시대로 잘 따라 국격을 올리는 데 한몫을 다하자. 이게 세로토닌 문화의 사명이기도 하다.

요즈음은 백신, 치료제 개발도 되고 있다니 반갑다. 그러나 이게 일반 대중까지 보급되려면 얼마간의 시간이 필요하다. 그때까지 긴장을 늦추면 안 된다. 방역은 물론이고 면역 강화에도 최선을 다해야 한다.

한국인의 원초적 기질과 역사적 변천

한국인의 원초적 기질은 어떠하며 또 무엇이 한국을 정상으로 달리게 하는가부터 더듬어봐야 할 것 같다. 이 거창한 물음 앞에 필자의 학문적 역량은 태부족이다. 다만 사회 정신 의학을 공부하는 입장에서 이와 관련된 관점을 역사적으로 훑어본다.

기마 유목 민족

한국인의 기원은 크게 두 가지로 이야기되고 있다. ① 바다 건너 온 남방 도래설 ② 북방에서 내려온 수렵 기마 민족. 나는 후자인 기마 유목 민족에 초점을 맞춰 논하려고 한다.

알타이산에서 기원하여 시베리아와 몽골, 요동 벌판을 걸쳐 한반도에 정착하게 된다. 기마 민족은 어디든 물 좋고 풀 좋은 곳이면 옮겨간다. 야성적이고 진취적이며 도전적, 공격적일 수밖에 없다. 어떻게 저 무시무시한 고비 사막과 바이칼호를 넘고 건너왔을까 의문이 간다. 말을 타고 또는 도보로…… 도저히 믿기지 않는다. 하지만 경주 박물관에는 왕관에서부터 천마총 유적까지, 기마 민족이라는 역사적 사실이 명백히 전시되어 있다. 우리가 북방에서 내려온 기마 민족이란 역사적 사실은 부인하지 못한다.

그게 사실이라면 우리야말로 용감무쌍한 민족이다. 가히 죽음의 행진이었다. 우리의 겁 없는 도전과 진취성, 멀리 보는 공간 파악력, 공격성…… 대충 어림잡아 제멋대로 하는 개성, 긍정성, 낙천성 등은 끝없는 벌판을 달려온 우리 민족의 특징이 그대로 남아 있다. 우리는 살기 좋은 곳이라면 세계 어디든 간다. 지금은 세계 어딜 가도 한국 사람 없는 곳은 없을 성싶다.

무속 기질

그 험한 고비 사막과 바이칼호를 건너려면 우리가 할 수 있는 일은 하늘에 제를 올리는 길밖에 없다.

"하느님, 제발 무사히 건너게 해주십사."

음식을 차려놓고 춤을 추고 노래한다. 그 제관이 무당이다. 예부터 한국을 다녀간 외국 사신들은 하나같이 "조선 사람은 가무를 즐긴다."라고 기록하고 있다. 그건 사실이다. 춤을 추고 노래하는 건 단연 우리다. 세계 어딜 가도 달리는 고속버스에서 춤추고 노래하는 사람은 한국인뿐이다. 오늘날 K-POP이 세계인을 신명의 도가니로 몰아넣고 있지만, 우리와 빼닮은 중국, 일본엔 없다. 이렇게 하려면 무당의 핏줄을 타고나야 한다. 무당은 신명 나면 못 하는 일이 없다. 세계 의학 사전엔 신병이란 한국 이름으로 등재되어 있다.

몇 해 전 바이칼호 안의 알혼 섬을 방문한 적이 있다. 거기엔 한국 무당이 그대로 남아 있다. 원색 깃발과 서낭당, 큰 바위 앞에 치성 드려 놓은 것하며 똑같다. 근처에는 부리트족이 살고 있는데 우리와 똑 닮았다. 말도 닮은 것이 많아 놀랐다.

이 추운 데까지 우리 조선 사람은 참으로 용감하구나 하는 생각이 들었다.

반도적 기질

삼국통일의 주역이 왜 하필이면 반도 남단의 힘없는 신라일까. 그때부터 우리는 압록강에서 목이 잘린 반도 국가가 되었다. 고구려 때는 동북아 최강 국가로 군림했는데, 참으로 아쉽다. 반도 국가는 지정학적으로 전쟁을 많이 겪을 수밖에 없다. 북쪽에서 내려온 남하 세력, 남쪽에서 올라오는 세력 사이에 전쟁이 끊일 날이 없다. 역사적으로 961번의 외침이 있었다고 한다. 그래도 이 나라가 망하지 않았다는 사실, 이것만으로도 대단한 나라다. 약한 듯 흔들리지만 절대 부러지지 않는 버드나무 체질이다. 우리는 지금도 사방에 강대국들 눈치를 보며 살고 있다. 반도 국가의 숙명이다.

나라가 온통 흔들려도 우리의 기막힌 상황 판단력과 임기응변의 유연성, 융통성, 기민성, 민첩성을 살려 재빨리 일어났다. 정신 과학적으로 복구력Resilience이 체질적으로 강해질 수밖에 없다.

정착 농경과 유교

우리는 긴 여정을 끝내고 한반도에 정착하면서 말을 버리고 소를 길러 농사일에 전념하게 된다. 농사일이란 게 큰 변화가 있는 것이 아니다. 때맞춰 밭 갈고 씨 뿌리고 수확하는 것이 전부다. 참으로 평화로운 일상이다. 천재지변이 아니고는 큰 변화라곤 없다. 그런데 유교가 들어오면서 조용한 농촌에 벼슬 바람이 불기 시작했다. 마을마다 서당을 지어 자녀들에게 과거 공부를 시켰다. 농촌에서 출세할 수 있는 길은 오직 하나, 과거급제뿐이었다.

이때부터 향학열에 불이 붙는다. 어떤 고난이 닥쳐도 자식 공부는 시켜야 한다. 그것이 유일한 희망이다. 이 전통은 오늘까지 그대로 이어진다. 우리의 불타는 향학열은 한국 전쟁의 포화 속에도 학교를 열었다.

필자는 한국 전쟁 당시 고등학생이었다. 학교는 UN군에 내주고 우리는 강바닥, 교회, 보리밭, 개와굴을 전전해야 했다. 대포 소리를 들으며 공부를 했다. 이 무서운 향학열이 한강의 기적을 만든 바탕이 된 것이다. 사방이 인민군으로 가득하고 반도에 남은 곳이라곤 대구와 부산 사이 경부선 근처뿐이었다. 그 순간에, 백척난간의 위기 속에서도 정부는 학교를 연 것이다.

식민지배하에

우리 역사에 가장 아픈 곳이라면 일제의 식민지배하에 들어갔다는 사실이다. 악랄하고 지독한 식민정책이었다. 성명도 바꾸고 한국말도 못 하게 했다. 독립운동하다 잡히는 날엔 참으로 잔인한 고문을 당했다. 많은 독립투사가 투옥되고 사형에 처했다. 이윽고 제2차 세계 대전이 끝나면서 해방은 되었으나 전후의 혼란은 전쟁을 방불케 했다. 거기다 남북분단으로 나라가 두 동강 나고 사상 대립은 전쟁보다 지독한 대립 양상을 보였다. 그리고 식민지하의 세뇌 여파는 한 세기가 지나야 해소된다고 한다. 핫바지니 엽전이니 하고 우리 스스로를 경멸하는 언사, 민족적 열등감은 생각하고 싶지도 않지만, 우리 뇌에 깊숙이 박혀 있다. "우리는 안돼." 라는 열등감은 깊은 정신적 상처로 남았다.

한국 전쟁

아! 그리고 터진 한국 전쟁. 50년 6월 25일 일요일 새벽. 모두가 곤히 잠든 휴일 새벽에 인민군은 탱크를 앞세워 물밀듯 밀려왔다. 전혀 준비되지 않은 우리 국군은 연전연패, 전쟁 같은 전쟁도 한 번 치르지 못하고 한강을 건너 낙동강까지 후퇴했다. 많은 젊은이가 인민군에 끌려가고 형제끼리 총을 겨눠야 하는 동족상잔의 비극이 펼쳐졌다. 동해안으로는 포항이 뚫리고 영천까지, 서해안으로는 마산으로 고립되어 남은 땅이라곤 대구와 부산 사이의 경부선 일대뿐이었다. UN군까지 동원되었으나 역부족이었다. 그러나 맥아더 장군의 기막힌 인천상륙작전으로 서울을 탈환, 그 기세로 압록강까지 밀고 올라갔다. 통일이 눈앞에 다가왔다. 아! 한데 이게 웬일인가. 중공군이 참전한 것이다. 소위 인해전술로 UN군은 다시 후퇴하였다. 원산항의 피난선 참상은 지금도 눈에 선하다. 다시 서울이 빼앗기고⋯⋯ 밀고 당기고 이윽고 휴전이라는 명분으로 DMZ가 설치되고 일단 총성은 멎었다. 지구 역사에 이렇게 참담한 전쟁은 없었다고 한다.

전쟁이 휩쓸고 간 폐허엔 추위와 굶주림만이 웅크리고 있었다. 그 가난하고 힘들었던 50년대 대학 생활은 희망이 아닌 고통이었다.

행복도 배워야 합니다

군사 혁명

휴전되면서 포화는 멎었으나 전쟁이 남긴 상처는 너무나 아프고 컸다. 남은 건 온 국민의 자신감 상실이었다. 취업 자리는 물론이고 당장 뭐라도 할 수 있는 것조차 없었다. 그리고 터진 서슬 퍼런 군사 혁명. 무섭긴 했지만, 또 한편으로는 잘만 하면 우리에게도 희망이 있을 것 같다는 환상에 빠졌다. 혁명 주동자는 "우리도 잘살 수 있다."라고 하는 구호 아래 국민을 밀고 나갔다. 폐허 위에 고속도로가 생기고 조선, 자동차, 철강…… 꿈에도 상상하지 못했던 일들이 눈앞에 전개되었다. 국민도 잃었던 자신감을 되찾기 시작했다. 공장이 들어서고 일자리가 생겨났다. 당장 입에 풀칠이라도 하게 되었으니 살판난 것이다.

우리에겐 밤낮이 없었다. 죽어라고 뛰었다. 온 세계를 누비고 다녔다. 한편 군사 독재 타도라는 민주화 운동이 일어나기 시작했고 경제 자립, 민주화 운동이라는 두 마리 토끼를 잡기에 숨이 찼다. 이윽고 올림픽을 성공적으로 치른 뒤 소위 '한강의 기적'을 이뤄냈다. 꿈같은 일이 벌어진 것이다. 그리고 국민의 열화 같은 성원 속에 민주화도 성공적으로 완수했다.

압축 성장의 명암

　남들이 300년이나 걸렸다는 산업화를 우린 불과 40년 남짓에 일궈냈다. 워낙 후발 국가였기에 천천히 정도를 밟아가질 못했다. 모든 게 빨리빨리였다. 대충 감만 잡히면 덤볐다. 산업화는 우리가 처음 가는 길이었으므로 출발 전 지도를 펴놓고 갈 방향을 연구하는 게 순서다. 하지만 우리는 급했다. 대충 감으로 출발했다. 도중에 사고가 난다. 교량이 끊겼고 돌아가야 한다. 막대한 손실이 난다. 불행히 본사에서 이 손실을 감당하지 못하면 회사는 부도가 날 수밖에 없다. 지난 반세기, 우리 사회엔 너무도 많은 기업이 뜨고 지고 했다. 어느 날 혜성처럼 나타난 기업이 그만 공중분해가 되어 이름 없이 사라져간다.

　우리에겐 지금도 '모로 가도 서울만 가면 된다'는 목표 지향적 의식이 강하게 남아 있다. 목표만 의식하다 보니 과정이 정도를 걷지 못한다. 온갖 물의를 빚고 부정과 부패를 저지르는 기업이 오래갈 수 없다. 또 오래가서도 안 된다. 이젠 많이 좋아졌다. 정도경영이어야 한다는 게 대세다.

　우리에게 지난 반세기는 참으로 격정적인 세월이었다. 공격적인 노르아드레날린, 그리고 성공하는 날의 환희, 도파민과 엔도르핀의 시대였다. 차분히, 천천히, 조용히 정도를 밟아야 하는 건데, 우리가 지금 왜 세로토닌 운동을 벌여야 하는지 이해되었으면 좋겠다.

행복도 배워야 합니다

개인의 적응 양식

　역사적 변천과 민족 기질에 대한 논의를 간략하게 기술했다. 그 복잡한 사회관계 속에 개인은 어떻게 적응해왔을까? 수많은 정변과 변혁을 겪으면서 제일 먼저 몸에 익힌 것은 빠른 상황 판단이며 거기에 따른 유연성, 융통성, 임기응변 등의 적응 양식이다. 한국인은 한마디로 난리 체질이다. 내 나이 88세, 나는 한국 현대사의 증인이다. 짧지 않은 과거를 돌아보면 그 속을 뚫고 살아남았단 것이 신기하다. 그래서 난 요즘 우리 나이 또래의 영감을 만나면 "이보시오, 노형. 용케 살아남았구려." 어깨라도 툭 쳐주고 싶다. 우리는 역전의 용사, 깊은 전우애로 뭉쳐 있다. 워낙 빨리 격변하는 세대라 우리에겐 장기 계획이란 것이 없었다. 어떻게 보면 하루살이 인생 같은 삶이었다.

　밤에 잠자리에 누우면 긴 한숨과 함께 "아, 오늘도 무사히 또 하루를 넘겼구나." 비로소 후유, 한숨과 함께 안도감이 든다.

　우리 연배는 깡통 세대다. 뒷마당에 깡통을 펴 프라이팬도 만들어 썼던 수공업이 씨앗이 되어 오늘 이렇게 화려한 근대산업사회가 만들어진 것이다. 기적 같은 일이다. 어찌 보면 그 수많은 난관을 이겨내고 근대화의 기반을 닦은 신화의 주인공이다.

　지금 우리 세대가 장수 제1세대다. 추위와 굶주림 속에 자란 우리가 세계 제1의 장수국이 되었다니 이 역시 기적이다. 하지만 오히려 그 추위와 굶주림을 견뎌냈기에 장수 제1세대가 될 수 있었다는 게 의학적 해석이다.

결론적으로 우리 세대는 성공적인 삶을 살아온 기적의 세대이다. 그 어렵고 복잡한 사회를 용케 성공적으로 살아온 그 저력이 무엇일까? 성공적인 성격을 요약, 분석해보면 대체로 아래와 같은 결론이 나온다.

- 부지런한 새벽형 인간.
- 넘어져도 복구력이 강하다.
- 미래지향적이고 도전적이다.
- 집념이 강하되 유연성이 있다.
- 갑작스러운 상황 판단이 빠르며 융통성 있게 대처한다.
- 자기 절제 및 조절을 잘한다.
- 신중하되 과감하고 결단력이 있다.
- 창조적이며 열정적이다.
- 대인관계가 좋아 폭넓은 인맥이 있다.
- 주의집중이 잘 되어 몰입Flow에 잘 빠진다.
- 향학열, 상향 기질이 강하다.

우리 세대가 다 이런 사람들은 아니다. 하지만 지금도 동창회에 얼굴을 내미는 친구들을 훑어보면 정신과 전문의가 아니라도 추측해낼 수 있는 결론이다. 영광스런 역전의 용사들이다.

이젠 세로토닌의 세기

한강의 기적

우리는 지난 반세기 산업사회 건설을 위해 밤낮이 없었다. 격정적인 세월이었다. 수많은 기업이 뜨고 지고 했다. 이런 시대적 상황을 뇌 과학적으로 전형적인 노르아드레날린, 엔도르핀(도파민)이 넘쳐나는 '격정적 시대'라고 한다.

공격적인 노르아드레날린 — 엄청난 스트레스가 따른다. 더구나 처음 해보는 일이라 겁도 나고 불안하다. 하지만 우리의 유목민족 기질 앞엔 큰 문제가 되지 않는다. 막 밀고 나간다. 참으로 저돌적이다. 많은 기업이 넘어지기도 했지만 한편 많은 기업이 승승장구하기도 했다. 그렇게 세를 키워나갔다. 이것이 한국 기업의 20세기 후반 모습이었다. 하이테크High Tech, 빠르게, 과단성 있게 경쟁, 공격적, 진취적으로 온 나라가 들썩거렸다. 처음 당해보는 엄청난 스트레스도 우린 잘 견뎌냈다. 목표를 위해 돌격 앞으로! 이윽고 목표 고지에 올라서면 모두가 쾌재를 불렀다. 노르아드레 날린의 스트레스 터널을 뚫고 드디어 목표를 달성한다. 도파민이 펑펑 쏟아진다. 실패도 많았지만, 성공도 많았다. 그것이 쌓여 세계가 놀란 한강의 기적을 이뤄낸 것이다. 이것은 기적이다. 전쟁이 휩쓸고 간 폐허 위에 지하자원 하나 없는 나라, 기적이란 말 이외에 표현할 길이 없다.

정상에 서긴 했지만

60년 초, 내가 미국에서 유학하던 시기만 해도 미국 백화점에 메이드 인 코리아Made In Korea라곤 유일하게 가발뿐이었다. 당시 우리 GNP는 아프리카 평균보다 낮았다고 한다. 나는 미국 교회 앞을 가지 않았다. 교회마다 '한국 고아에게 한푼을!'이라는 큰 엠블럼이 붙어 있었다. 해진 작업복에 깡통을 찬 한국 고아들, 난 차마 눈길조차 주지 못했다. 그런 나라였다. 그런 나라가 불과 반세기 만에 세계 11위의 부국이 된 것이다. 이제 우린 중진국 중에서는 정상에 선 선두주자이다.

20세기	21세기
산업사회	문화, 정보
하이테크(Hi Tech)	하이테크(Hi Tech)
지성, 이성	감성
경쟁(Win-Lose)	평화, 공존(Win-Win)
빠름, 동(動), 폭력	느림, 정(靜)
격정의 세기 -노르아드레날린 -엔도르핀	**차분한 세기** -세로토닌

　여기서 문제는 두 가지. 첫째, 우린 3만 달러 고지에 선 지 10년
이 되었지만, 아직도 여기에 턱걸이한 채 이 고비를 넘지 못하고
있다. 선진국은 이 정도 고지에 올라서면 그 탄력으로 성큼 도약
한다는데, 왜 우린 아직 제자리걸음일까? 우리가 여기까지 온 것
은 남의 것을 모방해온 것뿐이지, 우리 자신의 오리지널 아이디어
로 만든 게 없다. 이게 모방 경제의 한계이다. 두 번째 문제는 급
하게 서둘러 오다 보니 정도를 걸어오지 못했다는 점이다. 모로
가도 서울만 가면 된다는 목표지향적 가치관에 젖어 있었다. 우리
는 때론 억지도 쓰고 물의를 빚고 부정부패도 있었다. 우리는 정
도경영을 할 수 있는 풍토가 되지 못했다. 과정이야 어떠하든 목
표 달성만 하면 된다. 우리는 정직하지 못했다. 불신 풍조가 만연
한 사회가 되었으니 경제 발전에 저해 요인이 되고 있다. 다리가

무너지고 백화점이 무너지는 등 원시적 사고가 세계인의 웃음거리가 되었다.

노르아드레날린, 도파민형의 격정적 기업은 오래갈 수 없다. 수많은 기업이 뜨고 지곤 했다. 보라, 지난날의 어려운 여건 속에 지금껏 성장해온 기업들은 차분하고 조용한 세로토닌형 기업이다. 이제 우리도 정도경영을 해야 할 시점에 왔다. 요즘 우리가 선비정신의 부활을 외치고 있는 소이도 여기 있다.

산업사회 막차 손님

행복은 쫓아간다고 잡히는 것이 아니다. 세로토닌적 삶을 사노라면 그 결과로 행복이 절로, 제 발로 찾아온다. 어떤 인생에도 무슨 일을 해도 거기엔 숭고한 인생의 의미가 있다. 우리가 불행한 것은 그 의미를 찾지 못하고 있기 때문이다. 너무 바빠 허둥대기만 한 탓일까, 우리 발밑에 놓여 있는 것을 의식하지 못하고 있기 때문이다. 세로토닌 운동은 그 의미를 찾는 운동이다. 그러면 행복은 절로 따라온다.

오늘을 사는 한국인. 오늘 이 시점에 여기 남한에 태어난 것만으로도 축복이다. 생각해보라. 우리가 조금만 북쪽에서 태어났다면 우리 생활이 어떠했을까? 생각할수록 끔찍하고 소름끼칠 일이다. 또한 우리가 100년 전에 태어났다면 오늘 이 편리한 세상은 꿈도 꾸지 못할 것이다. 생각할수록 오늘을 사는 한국인은 축복받은 사람들이다. 조용히 생각을 가다듬어 보노라면 하늘은 우리에게 참으로 많은 걸 주셨구나 하는 생각이 절로 든다.

- 아름다운 경관, 풍부한 자연.
- 사계절, 고온 다습한 기후는 농사를 잘 짓게 했다.
- 천재적 재능, 창조성이 있다.
- 시련을 통한 강성 체질이다.
- 도전, 진취성, 근면하다.
- 아름다운 인정 문화가 있다.
- 맑은 선비정신이 있다.
- 순발력, 융통성, 민첩성이 있다.
- 무너져도 다시 일어서는 복구력이 강하다.
- 한강의 기적으로 자신감이 있다.
- 기술, 경영, 경제 성장이 눈부시다.

생각할수록 고마운 일이다. 이제 우리는 선진국 대열에 어깨를 나란히 하고 있다. 한강의 기적을 만든 주역들이 지금도 살아 있다. 어디서 그 저력이 나왔는지, 어떻게 그런 기적이 이뤄질 수 있었는지 어떤 경제 이론으로도 풀 수 없는 수수께끼라고 한다. 이젠 우리가 풀어야 한다. 한강학파가 출범, 지구촌에 기여할 날이 도래한 것이다.

이제 우리가 서구의 선진국에 은혜를 갚아야 할 차례다. 개발도 상국에 발전 모델을 전수하고 지구촌의 가난에 손을 내밀어야 한 다. 이것이 오늘날 우리가 해야 할 사명이다. 이것이 완수되는 날 진정한 한강의 기적은 완성된다.

행복도 배워야 합니다

어른 세대에 보내는 고언(苦言)

모라토리움 세대

오늘의 한국 50~60대는 어떤 사람들인가. 이들은 70년대 산업화, 도시화로 농촌에서 도시로 이주한 부모 밑에서 태어난 도시형 제1세대이다. 이들의 청소년 시절은 화려했다. 한국은 그때 모두들 희망에 들떠 있었다. 88올림픽, 월드컵의 신나는 무대. 5천 년 역사에 처음 있는 신나는 무대였다. 올림픽을 즈음해서 한국엔 절대빈곤이 물러났다. 해외여행이 허락된 덕에 이들은 젊은 날에 배낭여행으로 온 세계를 누비고 다닌 축복받은 세대였다. 감원, IMF, 넥타이 매고 산에 갔던 어려운 시절도 있었지만 이들은 배고픈 게 뭔지 모른 채 자라 풍요 속에 청년기를 보냈다.

나는 88올림픽 당시 이들의 생활 양식을 연구, 조사한 적이 있다. 졸저 『신인간』이란 제목으로 출간되었는데 잔잔한 파문을 일으켰다. 한마디로 이들은 우리(배고팠던 세대)와는 아주 다른 별종別種이었다. 우리 한국 사회는 지금까지 사회 변동이 먼저고 문화는 거기 따른 적응 형식으로 발전되어 왔다.

그러나 내가 본 신인간은 문화의 기수로서 사회 변동을 이끌어왔다. 모든 문화는 이들 젊은이의 입맛에 맞춰야 장사가 된다. 연극, 영화, 음악, 식당메뉴, 패션, 소설…… 사회 모든 분야에서 CM의 타깃이 되었다. 정치계도 소위 젊은 피 수혈이라는 기치 아래 신인을 영입하는 데 혈안이 되었다. 그야말로 우리 사회 새로운 제왕으로 군림하게 된다. 문제는 이들에겐 주인主人의식이 없다. 비판은 하되 대안이 없다. 권리만 주장하지 책임의식은 없다. 80% 이상이 대학 진학을 하는, 세계사에 유례없는 초유의 일이 벌어졌다. 문제는 여기서 끝이 아니다. 석사, 박사, 후박사, 유학…… 계속 공부만 했지 취업은 않는다. 해도 잠시뿐, 마음에 안들면 쉽게 다른 곳으로 옮겨가는 철새족이다. 결혼도 안 한다. 아기도 낳지 않는 역사상 초유의 사태가 벌어진다. 독신족의 출현이다. 이들의 사회 심리를 모라토리움Moratorium 세대라 부른다. 이건 원래 경제 용어인데, 채무자가 천재지변 등 불가피한 사정이 있을 때 은행에서 빚 갚기를 연장해주는 특혜 조치이다. 이들은 그간

행복도 배워야 합니다

부모와 사회에게 진 빚을 갚지 않고 자꾸 연장을 한다. 사회 각 분야에서 책임 있는 자리에 앉아 주인 노릇을 해야 하는데 전혀 그럴 기색이 아니다. 얼른 보기엔 백수건달이다. 하지만 착한 부모 세대가 이들의 건달 생활을 잘 뒷받침해주고 있다. 거기다 대중매체도 이들의 문화를 옹호하는 입장에 선다. 광고주의 압력 때문이다.

배고파보지 않은 세대

이들은 희망의 시대에 태어난 귀공자들이다. 부모 세대가 피땀을 흘려 이룩한 한강의 기적, 참 좋은 세상에 태어난 축복받은 세대다. 5,000년 역사에 이렇게 풍요로운 세상에 태어난 사람은 일찍이 없었다. 한마디로 배고픈 게 뭔지를 모르는 세대다. 한 번도 책임을 지는 위치에 서본 적이 없다. 모두가 손님이다. 주인의식이 약하다. 앞에서 말한 모라토리움 심리의 잔재가 아직도 강하게 남아 있다.

이들은 결단이 빠르고 과감하다. 수많은 기업이 뜨고 졌다. 젊은이가 모이는 곳엔 빨리 결단하고 행동으로 옮긴다. 신중히 생각하지 않고 대충 감만 잡히면 출발이다. 중간에 큰 문제가 없고 장애만 없다면 운 좋게 목적한 바를 이룬다. 처음 가는 길에는 보다 신중히 생각하고 일어날 수 있는 모든 문제에 대한 대비를 하고 떠나야 하는데, 그런 신중성이 약하다. 우리가 늙은 피를 수혈해야 한다는 이야기를 한 것은 그래서다. 젊은이들이 깊은 생각 없이 쉽게 결정한 일에도 저 뒷자리 노숙한 경험자가 때로는 브레이크를 걸어야 할 필요가 있다. '이 사람들아, 아까 논의한 그 이야기 좀 더 신중히 생각해보자.' 차에는 가속 페달만 아니라 브레이크도 있다는 사실을 잊지 말아야 한다. 다리가 무너지고 백화점이 무너지는 이런 원시적 사고가 이젠 더 이상 일어나면 안 된다. 온세계가 기적의 나라, 한국을 주시하고 있기 때문이다.

이젠 양적, 외적 성장보다 질적, 내적 성숙이 더 중요한 시점이다.

5,000년 역사에 가장 귀하게 태어나 가장 귀하게 자라온 세대여, 이젠 모라토리움 심리를 탈피하고 철저한 책임의식을 가져야 한다. 이젠 손님처럼 뒷전에서 비판만 하는 입장이 아니다. 도파민의 욕심, 노르아드레날린의 공격성, 엔도르핀의 환희 등 격정적 심성을 자제할 수 있는 세로토닌적 삶을 살아야 한다.

액티브 시니어(Active Senior)의 등장

요즘 금수저, 흙수저란 말을 자주 듣게 된다. 금수저란 팔자 좋게 태어난 사람을 두고 하는 말이다. 그 점에서 40~60대야말로 모두가 금수저 출신이다. 앞에서도 여러 번 이야기했지만, 이들만큼 축복받은 세대는 우리 역사상 일찍 없었다. 귀족 세대다. 문제는 전반前半 인생만큼 후반 인생도 그리 화려할까? 이미 직장을 떠난 사람도 있고 곧 떠나게 될 사람도 있다. 이 나이에 해당되는 사람이 소위 베이비부머 세대, 약 700만 명으로 추산되고 있다. 이젠 장수 시대인데 후반 인생을 어떻게 설계하고 있을까.

은퇴하기까지 그만큼 했으면 됐지, 뭘 더 해? 이렇게 자신 있게 말할 수 있는 사람이면 참으로 축복받은 인생이다. 이런 사람에겐 전반전, 후반전이란 말도 없다. 퇴직하는 순간 사회인으로서의 인생은 끝난 사람이다. 하지만 많은 사람들은 그러질 못한다. 전반전이 충실하지 못한 사람일수록 후반전 걱정이 더 많다. 구체적으로 ① 생활비 ② 주택 ③ 건강 ④ 개인 자산 준비가 확실해야 한다. 대비가 잘 된 사람도 있겠지만 대부분의 사람들은 지금부터 후반 인생살이를 걱정해야 한다. 한 가지 분명한 건 이젠 누구에게도 의지해선 안 된다. 이 모든 문제는 본인이 책임지고 해결해야 한다.

큰 욕심 부릴 것 없다. 선비들은 지족정신에 충실했다. 이게 세로토닌적 삶이다. 이제 격정적인 뜨거운 시대는 지났다. 차분하게 천천히 가자. 형편이 허락하는 대로 인류 사회를 위해 내가 뭘 할 수 있을까를 생각해보자. 주변 사람에게 친절하고 감사하는 생활을 하자. 지금까지 살아올 수 있었던 것도 나 혼자만의 힘이 아니다. 보이지 않는 수많은 사람들, 우주의 기운에 의해 살아온 것이다. 나이에 맞는 품격도 갖춰야 한다. 후배들에게 존경받는 삶을 살아야 한다. '건강, 장수, 행복' 마을 사람들의 생활을 더듬어보자. 평생 일하는 삶이 건강이다. 이웃과 친하게 지내고 마을 사람들로부터 존경받는 사람이 되자. 소식하되 이웃과 즐거운 식탁을 나누고, 와인도 한잔하고 걸어 다니고 신앙심이 깊으면 좋다. 이런 소박한 삶이 건강, 장수, 행복의 마을, 블루 존BLUE ZONE 사람들의 생활 철학이다.

행복도 배워야 합니다

행복도 배워야 합니다

ⓒ 이시형, 2021

초판 1쇄 발행일 | 2021년 2월 15일
초판 5쇄 발행일 | 2023년 10월 15일

지은이 | 이시형
펴낸이 | 사태희
편   집 | 최민혜
디자인 | 권수정
마케팅 | 장민영
제   작 | 이승욱 이대성

펴낸곳 | (주)특별한서재
출판등록 | 제2018-000085호
주 소 | 08505 서울특별시 금천구 가산디지털2로 101 한라원앤원타워 B동 1503호
전 화 | 02-3273-7878
팩 스 | 0505-832-0042
e-mail | specialbooks@naver.com
ISBN | 979-11-88912-02-5 (03190)